CONTROL YOUR OWN LIFE

韩佳媛 ◎ 著

改变人生的88堂高效沟通课

中国法制出版社
CHINA LEGAL PUBLISHING HOUSE

前言 PREFACE

在一个人出生后，沟通就逐渐进入了他的日常生活。如果我们感到饥饿，就会用哭声表达需求，母亲接收到这一信息后，立刻心领神会，用甘甜的乳汁喂饱饥肠辘辘的我们。这个过程就是一次简单的沟通。

随着年龄不断增长，我们的沟通开始变得多元化和复杂化，在各种场景下，我们根据不同的需求和目的，运用语言等方式实现与对方的交流，以达成自己的预期。当沟通变得不再简单，不再纯粹，我们开始品尝到受挫的滋味——沟通的实际发生过程永远与心中理想的情景存在差距。虽然我们努力修炼和提升，尽量让自己表现得更好一些，但是有时候似乎越努力越感到手足无措。

最近，一位朋友介绍了自己的经历。

我被朋友无情地批评了，朋友不留情面地说："说真的，从大学毕业咱们就是朋友了，每回你有事求我，总是表现得那么理所当然，难道你没感觉到吗？我已经拒绝你好几次了！"

听到朋友这么说，我愣住了，仔细回想了尽可能记得的每个沟通过程，原来真的像朋友说的那样，我每次都是毫不客气，甚至霸道地表达需求。

我试图对自己的言行进行一番解释："我以为咱们是朋友，所以不需要那么客气……"

“对，没错，可是朋友就要忍受你这种坏脾气吗？你知道吗，×××就是因为受不了你这一点才远离你的。”

面对朋友讲出的心里话，我第一次开始认真思考，自己在沟通中的种种“恶习”，那些脱口而出的“刺”正在伤害着我的朋友。我开始自我反省，走上了沟通的自我学习之路。

有了这个契机，这位朋友有了想要改变的想法，并付诸实践。但是我们身边的很多人还没有意识到沟通的重要性，或是找不到沟通成功的诀窍，如同在一团迷雾中寻找一道尚且看不清的门。

我们从小在学校，跟着老师学习各门知识课程，数学、语文、英语、地理和历史……但是唯独沟通这门课，需要我们自学。毫不夸张地说，沟通这门课的重要性不比任何一门少，甚至可以讲，随着步入社会，沟通有时候影响着我们未来的走向。

本书会从认知自我、检核“知觉”、把握情绪、加工语言、非语言沟通、沉默与倾听、改善氛围和处理冲突八个领域帮助你系统学习沟通知识，手把手教你走进沟通的成功大门。当你选择开始阅读，你会发现沟通没有想象中的那么难，也是从你开始阅读时，你会意识到沟通的学问需要用一生去研习。

本书要教会你的不仅是沟通技巧，如巧妙应答回复、共情倾听等，还有沟通的深层理论，包括如何正确看待沟通，如何认识沟通与自己、与他人，甚至与这个世界的关系。学习沟通如同建造一栋宏伟的建筑，必须打好坚实的地基，才能一步一个台阶向上走。这个社会如同星系，而你就是夜空中最亮的那颗星，希望你能拥有属于自己的轨道，与其他星星和谐共处和互动，闪烁自身耀眼的光芒。

目录
CONTENTS

CHAPTER 01

第一章

认知自我，开启有效沟通的第一步

正确看待自我，重新审视沟通的动机

每个人都需要沟通，从早晨开始，我们便开始了与人沟通的活动，出门时与邻居简单地互致友好，从邻居那里得知最近要交物业费了，到了公司后与上司沟通，闲暇时与同事沟通，下班后与家人沟通，辅导孩子的作业，与妻子回顾一天的烦恼与欢笑……

可以这么讲，沟通无时无刻不在我们的生活中出现，它是人际交往的工具，同时也是我们在这个社会立足和构建一切的纽带。但是我们真的懂沟通，会沟通吗？答案很多时候是否定的！

了解沟通的奥秘，首先就是要了解我们自己。我们需要别人的关爱，所以努力结交朋友，在对方面前充分展现自己的优点，表达自己对感情的重视和忠诚，进而稳固一段感情，这种沟通的动机就是情感的需要。我们需要获得生存的权利，因此走上工作岗位，与同事协调工作，听从上司安排，全力保障自己能够胜任工作，这种沟通的动机就是生存的需要。

在每一种沟通动机的背后都体现了一个自我，如果我们能正确看待自我，那么也就能较为准确地把握沟通动机。

兰馨在一家文化传播公司上班，当大家都在全神贯注地为一个项目埋头苦干时，上司却发现兰馨屡屡不在工位，而是花费大量时间与另外一个同事沟通。

上司感到不解，于是问兰馨怎么不像其他同事那样集中精力工作，兰馨忙解释自己也是为了工作，一定要与同事沟通到位。结果到项目开展到一半时，所有人都完成了既定目标，只有兰馨还差了一大截，上司顿时对兰馨的工作效率产生了质疑。

原来这是兰馨的自卑心理在作祟，她需要反复沟通，听取其他同事的意见，但由于沟通的深入，她又加深了对自己的怀疑与否定，因此导致手头的项目徘徊不前。

兰馨错误的沟通动机源于她对自己错误的认知。如果兰馨能够纠正自卑的心理，那么她会清楚地认识到自己沟通是为了推进工作，而不是为了填补心中的忧虑。那么她就会用尽可能短的时间完成高效的沟通，不会耽误接下来的工作。

认知自我的重要性由此可见。那么我们能够从哪几个方面来认知自我呢？

1. 价值观。

价值观是人生的核心，持何种价值观，意味着你将走哪一条人生道路。有些人的价值观是不断实现和再造生活本身，那么与之匹配的行动就是追求精致生活，因此他们的沟通目的明确，指向清晰。有些人的价值观是乐观无为，那么与之匹配的行动就是随心而安，因此他们的沟通更加感性和自由。

2. 经历。

经历是我们身后的一场电影，可以反复回看，但是不能剪辑和修改。因此某些人的沟通习惯、沟通方法很可能是源于其长期的积累和延续，沟通动机更是来自深埋于过去的一个个不起眼的时间点。

举个例子，一些功成名就的人，虽然很少谈起落魄的过往，但是一旦别人谈到某个相关的点，就会立刻触发他们的记忆，瞬间让他们对这个话题变得有兴趣。

3. 兴趣。

兴趣是天然的人性。爱书法的人很可能与爱武术的人话不投机，崇尚自然归真的人可能也不愿参与人际交往中的觥筹交错。我们因为兴趣与别人有了差异，所以造就了世界的多彩。那么，兴趣作为自我的一部分，也在影响着我们沟通的动机。

发现认知偏差，走出“自我认知黑洞”

浩瀚的宇宙中，黑洞是一个神秘的存在，它可以吸附一切有质量的星体，如果一个星系的旁边出现一个黑洞，那么整个星系都会受到或大或小的影响，甚至遭到吞噬。

之所以谈到黑洞，是因为在有些人的认知体系中，也存在黑洞。在这个黑洞里，真实的自我一再被吞噬，从而造成认知上的偏差，对我们的沟通产生影响。

每次在与上司沟通的时候，李森都忍不住紧张，尤其是当上司问她意见的时候，李森沉默之后会说：“都听您的，我没有意见！”弄得上司很无奈，久而久之，也不再问李森的意见，同时很多重要的工作也交给了其他人来做。

同事欣欣是李森大学时的好朋友，她了解李森，朋友聊天时李森很健谈，怎么一到了跟上司沟通的时候就判若两人？李森向欣欣坦言：原来是自己小时候父母过于严厉，每次批评她时都不允许反驳，因此当李森面对有权威的人物时，心里会不由自主地想起小时候的经历。

欣欣安慰李森：“其实你在沟通方面一点问题都没有，就是对自己的看法该改一改了，过去已经不能改变，应该从现在开始尝试着勇敢表达你自己。即使错了也没关系。”

于是在欣欣的鼓励下，李淼开始了尝试，虽然开始的时候还很胆怯，但是随着一点一点地努力，李淼慢慢能够面对上司谈自己对工作的看法了。年底的时候，李淼还在公司晨会上发表了工作感想。

李淼认知偏差的黑洞来源于孩童时期父母严厉的教育，她错误地认为自己在权威面前必须扮演屈从的形象，从来没想过有一天自己能够充满信心地在大家面前，甚至在领导面前发言。欣欣的鼓励帮助李淼重新认知了自我，修复了认知偏差。

在沟通这件事上，到底有多少真实的自我被藏在黑洞里？或许我们不去探究，自己都不曾察觉。那些过去我们认为在沟通上做不到或做不好的事情都有可能源于认知偏差。

成年之后，如果我们想修复这些偏差，就需要靠自身的努力。

1. 不要轻信过去的经历和经验。

或许有些朋友看过这样一则小故事，一头年幼的小象被一根细小的铁链子锁在柱子旁，它拼尽力气但还是无法挣脱锁链，小象渐渐放弃了挣扎，直到小象成年了，变成了一头大象，锁住它的还是当初那条小锁链，但是小象已经形成了牢固的思维定式，认为凭它的力量无法挣脱锁链。

有时候我们的经历也和小象相同，无疑，过去的经历和经验会帮助我们形成一个连续的真实的对自我的认知，但是也会束缚一部分真实的自我。人是会成长的，而经验有时候却是过时的，甚至是错误的。我们不能迷信于经历和经验，应该带着批判的眼光去看待，才能帮助我们修复认知偏差。

2. 处理好个性与共性之间的关系。

人的个性，与群体的共性之间存在一定差异。举个例子，有些人的个性是喜欢安静独处，可是他所在的集体却热衷于热情的社交，如果他湮没了自己的个性，将共性当成真实的自我，那么他有可能也会极力扮演外向、开朗和热情的人，对真实的自我进行排斥。

我们需要正确看待个性与共性之间的关系，接受两者之间存在差异的现实，才能在沟通中更好地释放真我色彩。

3. 定期自查与反省。

一个人如果定期进行自我反省，是能够重新认知自我的，通过复盘沟通的过程和细节，来发现有没有其他的可能性。正如在有些人的认知里，在别人面前说错话应该自责，但是通过自我反省，会发现说错话的根源是心理上的胆怯，如果我们克服胆怯，问题也就迎刃而解了。

感知自我，修炼清晰的自我意识

有一句希腊谚语是这样说的：世界上最困难的事情就是认识自己。

我们有时会听到恋爱中的女孩对男孩说："你太强势了，每次都不听我说。"但是男孩不以为然地说道："这是你自己的看法，我可没觉得！"在女孩看来，男孩无时无刻不在沟通中占领话语权，不容许女孩发表自己的观点，但是男孩对于自己的这个沟通习惯毫无察觉。

我们对自我常常进行美化和修饰，从保护的角度来讲，是为了我们自己处于一个更好的心理环境，从而对自己的某些缺点视而不见。但是不要以为自己的这些沟通上的恶习自始就不存在，我们需要在沟通中不断感知自我，描摹和获取一个真实的自己，才能获得改变的力量。

在一次相亲过程中。

男孩：“你好！我是李阿姨介绍过来的，很高兴认识你！”

女孩：“你好！”

男孩：“听李阿姨说你平时喜欢画画，不知道有没有机会欣赏你的画作？”男孩饶有兴致地说。

女孩：“你问我画画干什么？说了你又不懂！”

男孩：“呃，不懂我可以向你请教啊。”男孩脸上掠过一丝尴尬。

女孩：“和不懂画的人聊绘画，太费劲了。每次都要讲半天才能讲明白。你要是实在想听，我就说给你听听。”

男孩：“没事，那就不聊画画了，说说别的吧，平时上班你是吃食堂还是自己带饭？”

女孩：“带不带饭和你有什么关系？”

男孩：“我只是随口一问。”

女孩：“我最烦没话找话的人了，有时候带，有时候懒了就吃食堂。”

……

回到家后，李阿姨打电话问女孩聊得怎么样，女孩回答很不错，两个人聊了很久。但是李阿姨从男孩口中得到了截然不同的答案，女孩沟通时表现出的咄咄逼人与无情打击，让男孩觉得女孩可能不喜欢自己。

男孩问出问题，女孩不自觉地反问和质疑对方的沟通模式，在我们的生活中也不难见到，女孩如果没有察觉自己的问题，那么无论相亲 10 次还是 20 次，可能都会像这段对话一样，从期待中开始，在失望中结束。

如果我们希望提高沟通技能，首先要尽可能获知真实的自我。一个人对自我的认知越准确，对沟通的开展越有帮助。

我们可以从下面三个方向去寻求真实的自我。

1. 以他人为镜。

我们在与其他人沟通的过程中，对方也是自己的一面镜子，如果能够善加利用，那么对于我们了解自己、改变自己很有帮助。不论对方给出的是正面反馈，还是旁敲侧击，我们都要尽可能地收集信息，弥补对自身认识的不足。

2. 尊重自我的变化。

人会随着时间、环境而改变，所以自我一般是一个流动的状态，不是一成不变的。因此，过去的自我不代表现在的自我，我们要随时随地察觉自身变化，才能判断真实的自我。例如，一个人在刚接触销售工作时，缺乏沟通技巧。但是随着工作经验的不断累积，他能够流畅自如地与各类客户沟通。

3. 从潜意识中了解自我。

潜意识可以被看作平时被压抑隐藏的意识，如我们突然产生的一个念头，一种感觉，或者在梦境中反复出现的情景。比如，有的人惧怕上台演讲，虽然他的意识说服他这么做，但是潜意识中的恐惧却让他神经紧张，手心出汗。这种恐惧有可能源于儿时经历，虽然记不清事情经过，但是情绪被铭刻在脑海中，一旦触发紧张感便会不由自主的产生。我们如果要探寻自我，也要适当捕捉自己的潜意识，从而加深对自己的认识。

提升“自我可信度”，改善沟通效果

如果我们想在沟通时，提高对方对我们的信任程度，不妨从“自我可信度”这个方向去思考一下，在对方信任我们之前，我们对自我的认可能打到几分。

我们都有过这样的经验，在解答一道题时，一名学习差的同学与一名学习好的同学答案不一样，一个选择A，另一个选择B。学习差的同学通常会怀疑自己是错的，而对方是正确的。这种推导一般不是基于题目本身，而是差生根据自己以往的失败经历认为自己错的可能性更大。差生的自我可信度低，导致本来可能做对的题最后却做错了。

在沟通中同样如此，如果我们的“自我可信度”较低，那么即使我们可以在一次沟通中充分展现，发挥出色，也可能因为“自我可信度”受到影响，导致沟通效果大打折扣。

小美平时很自卑，朋友们聚在一起时，她总是在一旁沉默不语。有一次大家一起聊天，谈各自的优点，轮到小美时，她害羞地说：“我哪里有什么优点呢！”

“怎么会呢！”大家七嘴八舌地说起来，“你的优点可多了，上回价钱算错了，你一下就看出来是少算了一个0！”“还有你看书多，每次我都喜欢听你讲书里的事！”……

小美一下子被感动到了，她没想到自己在别人眼里竟然有这么多优点，她慢慢自信起来，从那个沉默的女孩变成了一个喜欢说笑的姑娘。

通常在沟通中表现出退缩回避、不够自信的人，可能也是像小美一样，自我可信度低，经常在别人畅所欲言时，将自己想说的话、想表达的自我封闭在心里，不能正常与人沟通。但是，当小美这一类人的自我可信度提升之后，他们的沟通效果也会得到大大的改善。

我们可以通过以下三个方面提升自我可信度。

1. 挖掘自身优点。

每个人身上都有优点，只是这些优点被我们忽略了，或者定义错了。很多人认为，内向是一种缺点，而且不利于沟通。持这种观念的内向者在与人交流时，常常会产生畏首畏尾、胆怯紧张的心理，或是在外向性格的人面前莫名自惭形秽，自觉低人一等。如果我们能够正确认知内向这个属性，不刻意贬低它，不过分看低自己，那么内向的人也可以正常与人沟通，而且在某些方面表现得可能比其他人更好，如倾听、共情等。我们需要挖掘自身优点，在沟通中尽可能展现，逐步提升自我可信度。

2. 无须过分看重他人评价。

由于沟通是至少两个人参与的过程，所以参与者对我们的看法和评价也会时时刻刻影响着我们。有些人过于看重别人的评价，用别人的评价来定义自己，以至于在收到负面评价后，对自我也产生怀疑和否定。

我们需要客观看待这些评价，在别人给我们贴错误标签时，勇敢说“不”。例如，当有个人对你说“跟你聊天真没意思”时，我们不要第一时间将无趣这个标签贴在自己身上，而是应该反思我们说了哪些内容让对方说出这样的话，经过一系列的分析判断，我们也许就能得出无趣的原因不在我们自身的结论。

3. 提前进行沟通热身。

有的时候，我们的自我可信度低，有可能是因为处在陌生的场合，或者面对陌生的人，周围充满了不确定性。如果我们能够对沟通进行一些提前的准备活动，适当热身一下，这种情况可能会有所好转。

比如，在进行一次重要的面试之前，我们会对对方可能提出的面试问题提前做一个估计，然后编织出自己理想的答案。这样一来，在真正面试时，我们内心的不确定因素就会减少很多，对自己的表现会更加自信，更加符合预期。

在沟通中发挥“自我价值”的魔力

如果你点开百度百科，会看到自我价值是这么写的：“自我价值是指在个人生活和社会生活中，自我对社会的贡献，而后社会和他人对作为人的存在的一种肯定关系。包括人的尊严，和保证人的尊严的物质精神条件。自我价值的实现必须以对社会的贡献为基础，以答谢社会为目的。”

其实自我价值的概念不难理解，试想一下这样一个过程，当身为孩子的我们搭好一个漂亮的积木时，父母会立刻走上前夸奖说：“宝宝太厉害了，能够一个人玩积木了，长大后一定能成为了不起的建筑师！”这些表扬让我们内心欢喜，更为重要的是，我们感受到了自我价值。因此，从小到大，几乎每做一件事，我们都会获得自己或他人的一个评价，自我价值在不断充实和巩固。

沟通，属于一种社会活动，也是我们输出自我价值的一个机会，一些朋友可能会说，日久见人心，让别人自然而然地了解自己不好吗，但是在现在这个快节奏的时代里，我们要摒弃这种陈旧的观念，用积极、主动的姿态，在沟通中展现自我价值，让自我价值成为沟通的加分项。

为了提高影响力，画展商希望能在本次春季展览中展出新锐画家文大师的作品。画展商派出三位得力干将，都没有说服文大师。正在苦恼之时，一个新入职不久的小员工主动请缨，画展商没有办法，决定让她试一试。

令人意想不到的是，在小员工与文大师交谈了三个小时之后，文大师同意将三幅创作进行展出。画展商大喜过望，此次春季展览如他料想的一样，引起不小的轰动。

展览过后，画展商拜访文大师，在连声感谢文大师后，他小心请教，为什么其他人都没有说服他，到底这个小员工说了什么话最终打动了大师。

文大师笑了笑说："其实没什么，你派的前几个人在我面前姿态都很低，问起他们对我画作的意见，一味都是吹捧的话。但是你派的这个小姑娘不一样，她虽然年岁小，但是3岁就开始拿画笔，我可是半路出家啊，她的绘画技法可能还不够娴熟，但是对画作的见解颇有独到之处，实在是佩服！"

别看小员工年龄小，但是她敢在文大师面前表现自己，因此获得了一个让德高望重的绘画大师尊重和欣赏的机会，用实力说服大师参加画展。如果你的自我价值标签是诚信，那么可以在沟通中展现自己诚信的特质，让别人感受到你是一个可以寄予深厚信赖的人。如果自我价值标签是专业技能，那么你也能像小员工一样，让别人感受自己非凡的能力。

我们都听过一句话，有实力的人才有话语权，我们需要在沟通中适宜地展现实力，也就是让对方看到我们的自我价值，从而在沟通中缔结信任关系，达成合作互利。

1. 转变观念。

我们要转变观念，建立"酒香也怕巷子深"的意识，表现自我价值不是吹嘘自己没有的优点，而是展现真实的魅力，因此不必害羞和拘谨，勇敢呈现真实的自己即可。

2. 言语中的自我价值与行动相匹配。

当我们在沟通中表露自我价值后，也要有相应的行动去印证这些话，否则就会给别人言行不一的印象，妨碍沟通。

灵活把握自己在沟通中扮演的“角色”

正如我们在工作中拥有各自的分工，担任不同的岗位一样，参与沟通的人物也扮演着各自的角色，角色判定得是否准确和到位，对于沟通起着至关重要的作用。有时候，我们往往会因为对自身定位不准确，导致沟通效果没有达到预期。

沟通中的角色并不是一成不变的，需要我们时刻根据所处的形势进行客观判断。很多人认为只有在沟通中扮演主要角色时，才能真正主导沟通的走向和结果，可是事与愿违，沟通角色的错位同样会迎来沟通失败的结果。

在一场沟通开始前，我们需要对自我进行准确定位，犹如考试动笔前先审题一般，然后再灵活地掌握自己扮演的角色。

刚入职场的张明明非常勤奋，对公司的产品和客户资料都了如指掌，经常加班拜访客户，每次也和客户相谈甚欢，但是得到客户的反馈却总是诸如“再想一想”“暂时先不考虑”这一类话，这让张明明百思不得其解。

但是张明明不肯就此认输，他找到业绩不错的刘杨请教症结所在，刘杨一时也不明白原因何在，于是就和张明明约定一起去拜访客户，现场观察张明明与客户的沟通过程。

到了与客户约定好的那天，张明明和刘杨提前10分钟到了约定的地点，和客户张总一场寒暄之后，张明明很快进入“角色”，开始认真地向客户进行推销。张总不住地夸好，但是却始终没有提签购买合同的事情。

结束交流，送走张总后，刘杨对张明明非常诚恳地说道：“你对产品的说明很到位，卖点基本上也都把握得很准确。但是你没发现张总对这些都不太感兴趣吗？”

“这个……我没有注意，我觉得张总听得很认真，应该已经通过我的讲解对咱们的产品了解得比较清楚了吧。”张明明有些含糊。

“产品说明固然重要，但是了解客户的需求更加重要，你在和张总沟通的时候，我注意到，90%的情况下都是你在说，张总就像是一个配角，没机会去表达自己的需求。”

张明明回想了一下自己刚才的沟通过程，确实如刘杨所说。

“在与客户的沟通中，虽然咱们应该按既定的计划去推销，但是也要明白，当我们要了解客户需求促成这笔生意时，必须让客户做主角，自身退居二线。”刘杨继续说，“让客户充分表达自己，不仅是让我们了解他的真实需求，也让他感到自己是受重视的，从而拉近你和他的距离。”

张明明恍然大悟，不住地点头。在一番学习之后，张明明的沟通能力显著提高，业绩也比之前好了很多。

从“你听我说”变成“我听你说”，沟通角色的转变打开了张明明签单困顿的局面。可见，在沟通中如果不能灵活地把握角色，会让沟通的效果大打折扣，甚至引起反效果。

下面我们来学习一下如何找准沟通角色。

1. 分析沟通的目的。

分析沟通的目的是找准沟通角色的第一步，也是最重要的一步。有时沟通是为了得到对自己有利的信息，有时是为了和对方达成一致，有时是为了和对方增进友好关系，等等。

每一种沟通目的都对应不同的角色，这需要我们在实际沟通中去不断摸索和把握。一般而言，如果我们想获得信息，就应让对方做主角，而我们只是做引导，适时把握一下方向和节奏即可；如果我们想要获取信任，那么应该是自己做主角，尽可能展现自己的特点和优势。在这里必须要记住的一点是，沟通中的角色要“审时度势”地进行变化和调整，有的时候，一种角色不一定要贯穿一场沟通。

2. 摸清对方的性格。

摸清对方的性格对于判断角色也很重要，外向的人乐于沟通，内向的人不善沟通，当我们遇到一个外向的人，却不给对方任何表达自己的机会；当我们遇到一个内向的人，却始终让对方处于尴尬表达的位置，这两种都是不可取的。

沟通要让双方彼此感到舒心，沟通过程流畅无阻，我们需要提前判断一下对方的性格。已经交流过很多次的朋友，不难了解性格，但是对于初次见面的朋友，要多注意观察一下，将话题抛给对方，看看对方的反应和态度，适当运用一些沟通技巧，便可对对方的性格大体有所了解。

3. 突破个人局限。

有的时候，我们无法准确定位自己的沟通角色，这有可能是源于自身的局限性。例如，长期习惯被动倾听的人，突然让他长篇大论，那么他一定会感到非常不适应，甚至拒绝。我们往往因为自身的局限，选择一个本不该属于自己的沟通角色。

我们必须勇敢突破这条看不见的线，不要给自己设置“刻板印象”——总是用过去的自己来否定现在的自己。当对方希望你表达时，一定要珍惜机会，先不要计较对方的反应，从努力表达自己开始。

上面三种方法有助于我们找准自己的沟通角色，不断在实践中学习和尝试，相信经过反复的练习，我们会在掌握角色方面越来越准确和迅速。

转换视角，拥有切合实际的沟通期待感

每个人都对沟通有着不同的期待，下班后与朋友聊天，我们期待获得一天难得的轻松；工作时与同事交流，我们期待合作无间的良好工作状态；购买物品时与导购沟通，我们期待买到心仪物美的商品……不仅如此，不同的期待，还会引导我们选择不同的话题，投入不同程度的情感。但是，如果我们的沟通期待与现实不符，将会面临糟糕的沟通境遇。

周冰洋爱上了烘焙，在家的时候苦心钻研，无论是蛋挞、吐司面包还是海绵蛋糕等，周冰洋都按照配方认真学习和操作。不仅如此，她还主动把甜点带到单位给同事品尝，大家纷纷夸赞，但是只有一个同事，在周冰洋问到他好不好吃的时候，说道："不太好吃，这个太甜了。"

"怎么会呢，其他人都说好吃，你再尝尝这个。"

"这个也是太甜了。"

周冰洋非常难受，回到家后和老公说起这件事，老公问："你没有问问其他人是否觉得甜？"

"其他人都没有这么说。"

"你这位同事平时爱吃甜食吗？"

"嗯……好像不怎么喜欢。平时都没见他吃甜的东西。"

"那就对了，你只听到他说太甜了，就认为是自己做的甜点不好，但是也有可能是他本身就不喜欢这种口味！"

第二天，周冰洋带去了一款咸味的饼干给大家分享，果然那位同事对她的

手艺大加赞扬。

周冰洋对于同事们的沟通期待，是欣赏自己的手艺，并称赞甜点的美味，因此她一再用试探的询问方式，引导同事说出她想要听到的答案，当某人的回答是否定时，周冰洋的情绪一下子就跌到了低谷。回到家后，经过丈夫的启发，她才明白自己的沟通期待太过武断，完全没有考虑是对方不太吃甜食的原因。

生活中的很多沟通都是如此，我们根据自己的愿望预设一个沟通期待，将全部焦点都放在这个沟通期待上，其他事都被“合理”地忽略了。当沟通期待与现实发生冲突时，我们就会在沟通中体会个人的挫败感。其实，如果我们换一个角度看待问题，就会像周冰洋一样发现现实的不同面。

我们在课本中学习过一个历史故事《邹忌讽齐王纳谏》，邹忌向齐王讲述了一个小故事，自己分别问妻子、小妾和客人，他和徐公到底哪一个更美，这三个人都回答徐公不如邹忌美。但是当有一天邹忌看到徐公时，才发现原来徐公比自己美多了。他的妻子、小妾和客人之所以那么说，是因为妻子偏爱他，小妾惧怕他，客人有求于他。

邹忌经历的故事也是一个沟通期待的三个不同角度，妻子期待丈夫的爱，于是“情人眼里出西施”，说出邹忌美过徐公可能是出自真心；小妾惧怕丈夫，说出恭维丈夫的话哄丈夫开心，是想得到邹忌的怜惜；客人心中怀私想求邹忌帮忙，说出谄媚的话为自己求助的事做铺垫。三个人的沟通期待都与事实（徐公更美）不符，因此我们要冷静看待自己的沟通期待有时候并不那么客观，主观的色彩往往夹杂其中，成为主旋律。

如果我们想尽量让自己的沟通期待与现实之间的差距缩小，就要适时转换视角。

1. 用理性思维代替感性思维。

感觉是一件捉摸不定的事情，你会发现我们看待同样一件事，出自不同人的口，有可能感觉相差万千。我们用感性思维去考虑沟通期待，有可能带来很大的现实落差。因此我们需要用理性思维代替感性思维，也就是用客观的论据来支撑自己做判断。

例如，“多希望他能喜欢我讲的这个话题”是一个充满感性的期待，可以替换成理性的期待，即“他昨天谈到过这件事，因此他可能喜欢这个话题”，后者是由论据来支撑的，因此与现实吻合的可能性更大。

2. 不要将过多的归因集中在自己身上。

前面案例中的周冰洋所犯的错误，就是一个典型的归因错误，她将沟通期待的误差归因于自己，忘了从周围的客观环境中寻找原因。

对方终止了话题，对方产生了厌烦的情绪，对方打断了我的话，当接收到这一系列信号时，有些人就会自觉的认为是自己的问题，然后以改变自己的方式来改善沟通，结果却不理想。我们需要转换角度，问题可能是出在自己以外的事情上，分析要尽量遵循客观。

自我暴露，把自己的感受告诉对方

沟通这件事本身即意味着表达自我，让对方认识和了解自己或自己要表达的观点，但是有些朋友会在对方面前隐藏自己，使得沟通犹如在一场迷雾中前行，让人难以捉摸，那么我们在沟通中，是不是也给了对方这样的感觉？

沟通比较忌讳的一点就是隐藏真实的自己，让沟通变得非常艰难，失去了彼此希望通过沟通进一步认识和了解对方的目的和意义。

高晗最近和男朋友大吵了一架，吵架的原因很简单，是男朋友在没有征求高晗的同意下，将高晗很喜欢的一个花瓶送给了另外一位朋友。高晗得知后非常生气，大声质问男朋友。男朋友也认识到了自己的问题，并立刻给高晗买了一个一模一样的花瓶，而且还买了小礼物当作赔罪，可高晗还是闷闷不乐。所以男朋友想跟高晗好好聊一聊。

“亲爱的，这次是我不对，别再生气了，好不好！”

“哼，我怎么能不生气，我最喜欢的花瓶都被你送人了。”

“确实是我错了，我已经给你买了个一样的。下回再也不这么做了，宝贝，原谅我吧。”

“买了这个，它也不是原来那个了！”

“那要怎么办呢？我给你买的这个和原来的一样，放心吧宝贝。”

“你怎么就不懂我呢？”

“那宝贝告诉我，你是怎么想的呢，你告诉我，我一定改！”

“你怎么到现在还不明白呢？跟你这人沟通太费劲了！”

“我真的不明白啊，你得告诉我啊！”

“我为什么要告诉你啊，你不懂我是你的问题！”

高晗生气地摔门而去，留下男朋友一个人不知所措。

像高晗与她男朋友的沟通过程就是一个失败的例子，高晗还认为问题出在男朋友身上，在这种情况下，高晗的男朋友永远无法了解她的真实想法，高晗也得不到男朋友真正的理解。

既然希望沟通能够实现我们的初衷，那么就应该适当暴露自己，将真实的想法分享给对方，总是让对方猜测自己的想法，或是通过只言片语来判断，那么很可能得到一个相反的结果。

如果我们想避免遇到高晗这类的沟通问题，务必把握好以下三个要点。

1. 沟通避免情绪化。

一些人习惯用情绪代替信息来与他人沟通，认为对方如果能认同和理解自己的情绪，那么也一定能了解自己的真实想法，这种将情绪与信息画等号的沟通模式，往往会取得比较差的沟通效果。

我们需要明白一点，情绪和信息虽然都是沟通中必不可少的元素，但是不能只表达情绪，而忽略了信息，我们想要对方了解自己，那么必须将自己的感受用信息而非情绪的方式传递给对方。以高晗为例，她希望男朋友了解自己内心的想法：其实自己介意的是对方在没有征得自己同意的情况下做了某件事。但是她的男朋友因为得不到高晗任何关于这方面的信息，只能感知她的情绪是生气的状态，于是沟通无疾而终。如果高晗能够明确说明，那么这种情况很容易就可避免。

2. 沟通抛弃“自尊心”。

自尊自爱是我们与他人交往的基础，同时也是沟通的基础，但是过度的自尊也会阻碍我们向对方表露自己的真心。过度的自尊将我们置于沟通的较高地位，让别人来做附属，主动获取我们的信息，这样反复多次，有可能对方就放弃了沟通。

其实，无论我们在沟通中是主动还是被动，双方都要处于一个平等的地位，不要将了解我们内心的工作交给沟通的对方，而是要主动承担，抛弃这个表露自己就等于没有自尊的错误观念。

3. 不要担心被伤害。

一些朋友之所以拒绝敞开心门，是因为担心被伤害，他们认为让别人掌握自己太多的信息，会造成受制于人的局面，或是信息被不当传递。因此，他们选择封闭自己的内心，紧紧关起心门不让别人触碰。

既希望别人通过沟通了解自己，又害怕别人借沟通来伤害自己，产生这种矛盾心理的直接原因是错误的归因。即将他人的伤害行为的产生原因归结于自己。

这是一种错误的逻辑，正确的逻辑是我们可以承认自己有的时候错付真心，但是举起伤害利器的人才是罪魁祸首。

在沟通中，我们需要在保护自己的前提下，不将隐私透露给不信任的对方，同时又把自己想传递的信息以沟通方式表达，那么我们就可以在很大程度上避免这类问题。

真心换真心，这是我们交友的关键，那么沟通亦是如此，适度地表达自己，能让我们的沟通关系更融洽，沟通效果更理想。相信掌握了以上几点，会使我们在这方面的沟通问题得到改善。

定位“沟通程度”，避免沟通不畅

探寻自我的一个重要环节是及时了解和认识自己在别人心中的排序，以及别人在自己心中的排序，这样能帮助我们定位“沟通程度”，避免沟通不畅。

小米在公司里打碎了一个花瓶，上司对她罚款300元。小米心里很不服，中午吃饭的时候向平时相处不错的丁丁诉苦。

“李经理不分青红皂白地就罚钱，我又不是故意的，你说是不是？”

“嗯……”

“上次齐姐耽误了客户的飞机，他就只是给予了批评，怎么一到我这里就变成了罚款，真是不明白了，难道齐姐上回犯的错误不比我严重？太看人下菜碟了！你说是不是？”

丁丁只是笑笑不说话。

小米看到丁丁这样的反应，有点着急：“你快说啊，李经理是不是太过分了？”

“这个事我不好说啊。”

听到这样的回答，小米感到非常失望。

回到家后，小米也将自己白天在公司被处罚的事跟父母说了，还没等小米问意见。父母赶紧安慰她说：“这个事你们领导确实有点小题大做了，要是下回还这样，你得跟领导说，千万别老受委屈！大不了，咱们换个公司干。孩子，不要有心理负担。”

充满温暖的话语瞬间将小米包围，回想起白天在丁丁面前受到的冷遇，小米感到很困惑。

我们或许会遇到像小米一样的困惑，为什么我们以诚相待，对方却对我们有所保留，小米期待丁丁能和自己处于同一阵营，痛斥领导的不公，安慰自己受伤的心灵，却事与愿违，丁丁没有发表任何意见。这是由于两人的沟通程度定位不同，在丁丁心中，小米只是普通同事，还未到朋友这一级别，有些意见不适合在同事面前发表。

当一个陌生人走上前来与我们热络地攀谈时，我们大多会产生戒备心理。这是因为在我们心里，把他认定为一个未知的沟通对象，自己不掌握对方的任何信息，因此沟通程度被划分到最初级。

而当亲密无间的爱人在身边时，我们则往往会将沟通程度调至最高级：在爱人面前，将自己的心情无所顾忌地展露，心门彻底打开，没有顾虑地畅所欲言。

每个人的身边都围绕着各种关系，亲人、爱人、同学、同事，等等。每种关系对应不同的沟通程度，如果我们想更好地把握沟通程度，不妨从以下几点考虑。

1. 关系远近决定沟通程度。

判断沟通程度的第一层决定因素就是关系的远近。这很容易理解，被我们判定为关系近的人，我们往往喜欢与他们表露更多的真心，沟通程度更深；而被我们判定为关系远的人，我们则会谨慎发言，常常观察多于随心所欲。根据关系程度来判断沟通程度是大部分人通用的一个办法。

但是这里必须注意的是，这种沟通程度正确与否取决于我们对关系的判断是否准确，关系判断失误的事也时有发生，这时我们还可以看看以下的方法。

2. 察觉对方的潜台词。

有时候对沟通程度的判断也可以通过对方的潜台词进行，如果对方直接表示："我们还没到这种关系，所以不适合谈这些"，那么我们就能立刻领会，重新把握沟通程度。但往往对方会用含蓄的表达来提示我们，就像前面案例中的丁丁，她对小米说的"这个事我不好说啊"以及她多次的敷衍和笑而不语，都代表了她不认可小米对自己说的这些。

我们在交谈中，需要及时察觉和读懂对方这些"含义丰富"的潜台词，如沉默不回应、敷衍对待、多次打断或找借口离开等，都是在向我们提示是不是自己的沟通程度该重新判断了。

3. 少言胜于多谈。

当我们实在把控不好沟通程度时，一定要记住一条铁律"少言胜于多谈"——将沟通的主动权留给对方，在有保留地说话的同时，观察对方对我们的沟通程度如何，再决定是否要提高或降低沟通程度。

觉察与反思：清理不良沟通模式

学习过思维导图的朋友都会明白，正确的思维模式对我们做事情很有帮助，如果选对了模式，就会取得事半功倍的效果。同样，沟通也有模式，需要进行正确选择。如果沟通遭遇了终止或是偏离中心的情况，我们需要及时察觉，可能不是沟通的内容错了，而是问题出在沟通模式上。我们需要及时辨别不良的沟通模式，并把“它们”尽快驱逐。

萧雅最近在油画班上认识了一位新朋友李楠，两人有很多相同的爱好：如绘画、旅游等，因此萧雅有时会约李楠一起吃饭聊天，但是几次下来，萧雅发现自己和李楠在沟通上出现了问题。例如，两人谈到自驾游，萧雅提起自己曾经去过的云南大理。

“大理风景美，民风淳朴，空气也清新，我最喜欢那里闲散自由的氛围，在那里度假是一件再好不过的事了……”

还没等萧雅说完，李楠马上打断她说：“要说去自驾游，大理哪有海边好啊，我去过的海边城市不下十几个，哪个都比大理强，我发现你可真是不会选地方，眼光太差了，怎么旅游了这么多次眼光还那么差呢！”

听到李楠毫不留情地数落自己，萧雅顿时不想再继续聊下去了。她找了个借口说领导让她去加班，草草结束了这一次的沟通。

不仅如此，通过沟通，萧雅发现，凡是她认同或赞扬的，李楠总会激烈地进行反驳，从各种角度来进行负面评价。例如，萧雅喜欢的香水，李楠就说不上档次，不如自己平时用的那一款；萧雅喜欢的书，李楠就说作家的思想境界低，不如另外的某位作家；萧雅喜欢的餐厅，李楠就说口味太差，比起她去过的差远了。

开始的时候，萧雅认为李楠可能是见多识广，对生活有独到的个人见解，但是次数多了，萧雅发现李楠是在沟通中习惯性地批评和贬低别人，甚至有的时候还会进行人身攻击。萧雅实在不能接受这种沟通模式，于是渐渐疏远了李楠。

像李楠经常使用的这种沟通模式，有可能她自己都不自知问题出在哪里，所以才让不愉快发生了一次又一次。我们不能像李楠这样，用错误的沟通模式结束本来有可能很成功的沟通。我们很容易察觉到对方用的哪些沟通模式会让自己不舒服，但是很难察觉自己在与人沟通时存在的问题。这需要我们多用心，来不断修正自身问题。

下面我们来介绍几种错误的沟通模式供每个人参考。

1. 否定型沟通模式。

像李楠使用的这种沟通模式，就属于否定型沟通模式，即不论对方说什么，都要持相反的观点来打压对方，从而凸显自己的价值。习惯用这种不良模式沟通的人，往往都是因为一些自卑心在作祟，他们希望别人充分认同自己，但是他们的方法不对——通过贬低对方，借机抬高自己。他们会像李楠那样，并不在乎对方说什么，因为无论说什么他们都要否定和反驳，然后抛出自己的观点，让对方欣赏甚至崇拜自己，从而摆脱内心的自卑。

但是往往这种沟通模式会带来反效果，他们不仅不会收到赞扬，还会让对方产生不满，继而停止沟通。

2. 零交流沟通模式。

零交流沟通模式，指的是当你围绕一个话题谈论时，沟通的对方对于你的话题不予理睬，转而去说另外一个话题。这种模式不同于否定型沟通模式，经常运用这种沟通模式的人，并不会对你的话题进行否定和贬低，只是表现出没有兴趣，总是将话题引到自己感兴趣的事物上。当我们面对这种人时，常常会体会到沟通的无力感，沟通的过程如同两个人在平行的两条轨道上前行，话题上没有任何交叉点。

这种人的性格比较自我，在沟通中不关注对方及其感受，他们把一场沟通变成了一次演讲，让对方变成完全的倾听者，从而使得沟通变成了一场“个人表演秀”。

3. 命令型沟通模式。

这种模式多出现于父母和孩子，上级和下级等地位不对等的关系上，有些人在与朋友、同事交流的时候非常顺畅自然，却经常用命令的沟通模式来对待孩子或下级，用“必须”“一定”“不可以”等命令型词语强制孩子或下级按照自己的想法行事，越过沟通的其他内容，直奔最终结果。当孩子小的时候，这种方式也许能取得好的效果。一旦孩子长大了，尤其是进入青春期，强制命令型的沟通模式开始失去作用，反而引起孩子的叛逆，让孩子认为家长不在乎沟通过程，只在乎结果。

职场上同样如此，上司用自己职场上的地位来命令下属，对下属的任何解释和说明听不进去，结果就是下属慢慢放弃在沟通中表达自己的想法，完全执行上司的命令，办公室变成“一言堂”。有时候上司希望下属能够发表一些个人见解，但是最后得到的也都是附和的言语。

当我们处于这种可以支配话语权的地位时，一定要警惕自己是否陷入这种命令型沟通模式中，让沟通内容压缩为零，只做发号施令的一方。

我们介绍了几种较为常见的不良沟通模式，其他的还需要个人在实践中不断自省、改正。沟通无止境，对于沟通模式，我们也要不断学习。

自我评判，认识沟通中的优势和不足

自我的任何一个特点，在沟通中都是有投射的。例如，一个性格慢热的人，可能在沟通中表现出耐心、擅长倾听的特点，但是同样因为性格慢热，也有可能进入沟通状态比较缓慢，不适应快节奏的沟通。因此，为了更好地进行沟通，我们要将自身的特点与沟通中的优势和不足一一进行对应和分析，通过全面、客观的自我评判，扩大沟通优势，弥补沟通不足。

彭飞每当遭到拒绝时，就紧张到手脚流汗，不知道该说什么。一次，他在坐火车时，别人坐了他的座位。

“你好，你坐的这个位子是我的，你看我车票。”

“我知道，坐一下怎么了，我的座位在后排，一共就三个小时的路程，你坐后边的位置也一样！”

彭飞涨红了脸，面对霸座的人不知道该说什么，半天才吐出一句：“我还是想坐我自己的位置，你，你换一下吧。”

听到彭飞的语气这么软，霸座的人更加气焰嚣张，反而指责彭飞不讲道理：“都跟你说了，两个座位一样，你怎么就听不明白呢，坐个座都这么多事！”

彭飞紧张到一句话都说不出来，只能吃下哑巴亏——到后排去坐。

因为紧张和不知如何应对，彭飞在沟通中“打了败仗”，这应该不是他第一次遭遇如此的沟通窘境，本来应该有理有据的彭飞，是可以通过沟通让霸座者让出座位的，可是他在关键时刻掉链子，把沟通的主动权拱手相送。

我们需要及时进行自我评判，才能避免像彭飞一样遇到这种沟通问题。

改变的力量来自内省，沟通高手也不是一朝一夕就可以成就的。如果彭飞能够正视自己的胆怯，充分认识到这个特点已经严重影响到沟通，那么他是可以通过后天的办法来改正的。前提是他的认识是否充分和具体。

1. 不要回避问题。

有些人对于自己沟通上的问题持一种回避的态度。比如，当有人跟他们说，你沟通的方式太强势了，他们出于对自我的美化和修饰，不正视这一点，也就无法进行客观的自我评判。

我们应该认识到，每个人身上都有优点和缺点，那么沟通方式也是同样如此，要改变就先要接受。做一只把头埋进沙子里的鸵鸟对解决问题没有任何帮助。

2. 短时间内扬长避短。

沟通能力没有那么快提升，就像彭飞那样，可能要痛苦地尝试很多次，才能摆脱不会拒绝的情况，这个过程有可能很漫长。

那么在这个漫长蜕变的过程中，我们要尽量做到扬长避短，对于自己的沟通优势要尽量积极发挥，而对于沟通劣势要尽量规避。还是以彭飞为例，他如果无法处理与霸座人的冲突，那么可以选择与乘务员进行沟通，请乘务员来帮助自己解决问题。

3. 长时间内彻底改变。

对于沟通中的不足，规避只能被当作一个短时间内的应急工具，要想“一劳永逸”，还是要从根本上寻求改变。

我们需要拿出“水滴石穿”的精神来对待改变自己沟通中的不足之处，毕竟改变习惯不是一件那么容易的事，我们可以观察身边优秀的人是如何沟通的，然后尽量模仿，直到水到渠成。这个过程不是一日之功，我们需要做好充分的心理准备。

CHAPTER 02

第二章

检核“知觉”，做好沟通心理热身

认识沟通中“知觉的历程”

知觉是一系列组织并解释外界客体和事件产生的感觉信息的加工过程。换句话说，知觉是客观事物直接作用于感官而在头脑中产生的对事物整体的认识。

知觉不同于感觉，当两个人面前都摆放着一盆红色的花时，前一个人有可能将信息加工成“一盆红色的花”。但是后一个人因为对植物略懂一些，他可能会把这个信息加工成“一盆红色的杜鹃花”。由此可见，人与人的千差万别，造成了对同一事物映射的知觉也千差万别。

沟通就是一个接收信息，解码信息，再回馈信息的过程。因此，我们随时随地都在“知觉的历程”中。

一位优雅的女士走进一家服装店，店主忙走上前去热情招待。

“请问您需要点什么？”

“我需要一款连衣裙，准备参加明天的舞会。”

“这款是今天新到店的款式，非常适合您，您的肤色白，宝蓝色会衬托出您的好气色。这个款式既大气又婉约。”

“但是我同行的朋友已经决定穿蓝色的礼服了，我还是不要选蓝色了。这件紫色的不错！”

“紫色也很高贵，我认为这套白色的也很经典，不如您两件都试一试！”

听到店主这么说，女士心花怒放：“白色的确实不错，您很有眼光！”

最后，女士试完装后，心满意足地将两套礼服都买了下来。

这是再普通不过的一段对话，在我们的生活中经常能见到，女士带着买衣服的沟通目的与店主进行交流。当店主第一次给她推荐宝蓝色的连衣裙时，她通过知觉综合了自己的信息——宝蓝色很漂亮，但舞会上有其他人穿，然后形成她的知觉，反馈给店主自己想选紫色的衣服。店主收到这个信息后，联想到自己以往的经验，进而形成知觉判断这是一位诚心购买的客户，于是又推荐了一款白色的礼服。故事的最后，沟通给两个人都带来了满意的结果。

沟通中的知觉无处不在，它有几个显著的特点，我们需要简单了解。

1. 选择性。

我们在知觉历程中将知觉对象从背景中筛选出来，并清晰反映的特性叫作知觉的选择性。举个例子，当领导当着大家的面说今天有 10 个人迟到了，这其中就有你，那么我们就会自觉地把自己从这 10 个人中摘选出来，然后继续关注自己是否会受到处罚。再如，对方描述了一个场景：茫茫黑夜中，一个女孩行走在路上，我们就会把这个女孩摘选出来。

前后两个例子中，你和女孩都是知觉对象，其他的事物则成了知觉背景。后面的章节中我们还会详细讲述这种选择性。

2. 整体性。

知觉的对象分别由不同的部分和属性组成，因此我们在判定这些部分和属性时，就能把握整体了。例如，当对方读到一句话时，他看到的是“今天的红果苹买多了”，可是他念出来的还是“红苹果”，这是因为平时他都是将“红苹果”当成一个整体，即使有字序错乱，也不影响他阅读。

3. 理解性。

在知觉的过程中，人们一般会根据已有的知识经验来解读知觉对象。比如，提到下雨了，有些人的第一反应是下班淋雨了可就不好了，有些人的第一反应则是下雨缓解了旱情。前一个人的身份应该是上班族，后一个人的身份可能是农业学家。他们具备不同的知识体验，产生的知觉过程也就不同。

4. 恒常性。

在知觉过程中，人们在知觉条件变化后，知觉对象特质不变就是恒常性的体现。比如，一列火车进入了隧道，虽然在我们眼前已经没有火车的身影，但是我们都非常清楚，火车没有消失，过几分钟，火车就会从隧道的另一侧出来。

是什么在影响你的沟通“知觉”？

相信有些人在沟通时会感叹，为什么对方跟我的理解相差这么大？为什么这么简单的事情，他会想得这么复杂？这是因为面对同样的知觉对象，每个人受到多重因素的影响，形成的最终知觉不同。

蒋心和李岚相约去看电影。蒋心看得格外入神，李岚却感到电影十分枯燥，几乎要睡着了。

电影结束后，蒋心兴奋地向李岚说起各个情节，以及那些她认为精彩的部分。“你看那个男演员多逗，别人都知道发生什么了，就他还蒙在鼓里！”

李岚面对蒋心的话，不为所动：“这种桥段在太多电影里看到过了，真是不知道你怎么还能看得津津有味。”

听到李岚这么说，蒋心觉得继续跟她说电影是一件索然无味的事。

同样一部电影，蒋心和李岚却给出不一样的看法，这是她们的知觉在发挥作用。蒋心不如李岚看的电影多，因此她对电影的解读也肯定与李岚不同。

影响沟通知觉的因素有很多，下面我们列举了较为突出的五类因素。

1. 知识。

每个人掌握的知识不同，因此沟通知觉体验也受到影响。当大家在讨论“天气对生活的影响”这个话题时，一般人都会谈到天气对衣食住行的影响，但是心理学家会关注天气对人的心理、情绪的影响；植物学家会注意天气对常见家庭种植盆栽的影响；社会学家会关注天气对人与人之间互动的影响。

可以这么说，知识成为一根杠杆，撬动了我们知觉的高点，当一个人知识掌握得越丰富或越深入，他的知觉也越发多彩多样。

2. 经历（经验）。

心理学家做过一个经典实验，他让美国人和西班牙人作为实验的被试，让他们分别用左眼和右眼看两张图，左眼观看的图画有棒球，右眼观看的图画有斗牛。结果美国人基本上都说自己看到的是棒球，而大部分西班牙人则看到的是斗牛。

这个实验向我们传递了经历和经验是如何影响知觉的。例如，有个人偶然提到自己去过南方，另外一个人立刻对他的信息进行捕捉，因为他也去过南方，所以表现出浓厚的兴趣，迅速将话题引到在南方的经历上。

3. 思维模式。

思维模式也会影响我们的知觉体验。比如，领导交给两个人同样一项有难度的工作，告知他们各种有可能遇到的问题。一个带有保守型思维模式的人可能会想，这项工作这么难，我又从来没做过，失败的风险很大，与其承担责任，不如向领导说明自己不适合；而另一个进取型思维模式的人则会想，没有做过的工作可以促使我们在这方面深入学习一下，失败的风险虽然存在，但是成功的可能性也不是零，尝试一下也没什么损失。于是这两个人面对领导沟通的结果就是，一个人拒绝了任务，另一个人承担了任务。

我们选择了何种思维模式，也就迎来了相应的知觉结果。

4. 性格。

人的性格千万种，形成这世间的千姿百态。性格对沟通知觉也有重要影响，狭隘型性格的人一般的知觉体验也较为浅薄，有时会把知觉对象定为对方评价自己的负面话语，并长期放在心里。例如，其他人在被人开玩笑的时候，有可能一笑而过，但是狭隘型性格的人会反复思考对方是不是针对自己，对方是不是刻意挖苦自己。

5. 情绪。

情绪对沟通知觉的影响也很大，当我们的情绪有变化时，反映的知觉对象也不同。在我们悲伤时看到汹涌奔腾的大海，可能感叹的是大海的无情和残酷；可是情绪一变，在我们开心时再看到大海，就会感到大海的蔚蓝无边和生机勃勃。心境前后不同，使得知觉对象的特性也随之不同。

“一千个人心中有一千个哈姆雷特”，大家在各方面，如知识、经历、思维模式、性格和情绪等方面的千差万别，造就了知觉体验的万紫千红。

知觉的倾向：人性中天然的缺陷

由于知觉是一种主观体验，且受到很多因素影响，因此我们的一些沟通知觉并不是那么客观准确。我们在沟通中形成知觉认识时，常常带有一定的倾向性。这种知觉的倾向会让我们做出具有“欺骗性”的判断。

田晓雪向领导报告自己所在的小组近一个月的工作成绩。

“领导，按照我们月初制订的工作计划，我们这个月已经完成了预定目标的75%。”

“怎么还不到90%，我记得你们上个月的业绩是完成了95%。”

“是的，我正想跟您解释这件事，这个月我们小组有一位同事在月中的时候离职了，人事部那边也一直没合适的人推荐过来，所以工作业绩下滑了。”

“怎么工作一出问题，就把责任推到别人身上，这和人事部又有什么关系！我看啊，就是你们的工作执行出了问题！”

“真的不是这样，如果这个月人事部能招聘到很快上手的新员工，我们小组肯定能恢复到原来的工作水平。”

“人事部即使招到了人，你们要是不做反省，工作也无法进步！”

“我说这些，只是希望您能帮我们催促人事部抓紧招聘的事。”

“我是不会帮你们催的。行了，你出去吧。”

田晓雪满含委屈地走出领导办公室。

田晓雪一开口向领导反映问题，领导就认为这是田晓雪在逃避工作责任，他的知觉倾向阻碍了他正视田晓雪的请求。再看下面的例子。

下课后，老师看到小明在扶一个倒了的垃圾桶。

“小明，你怎么这么淘气，课间不和同学们一起跳绳，跑到这里掀翻垃圾桶！”

“老师，我没有，我是看到垃圾桶躺在地上，想把它扶起来，然后就被您看见了。”

“不仅调皮捣蛋，还撒谎，这回我一定要叫你家长了。”

“老师，您怎么就不相信我呢？”

“你叫我怎么相信你，上回你刚把老师的粉笔都偷偷倒在了水桶里，还有那次你把同桌的头发剪了一缕。你调皮捣蛋的事简直都说不完，这回无论如何得叫家长了。”

“哇……”小明大哭了起来。

事实是小明做了一次好事，老师也看到了，可是老师基于过去的经验认为自己看到的事实只是一部分，她脑补了是小明先推倒了垃圾桶，然后才扶起来。老师在用她的知觉倾向批评小明。

为什么说知觉倾向是人性中天然的缺陷，从上面这两个例子就可以看出，沟通中的误会、不理解等情况之所以产生，正是沟通倾向在作祟，掩盖了部分的真实，让人们用自己主观的知觉代替了客观的判断。

那么，哪几种知觉倾向是我们在沟通中应该尽量避免的呢？

1. 以己度人。

“在我看来，这件事……”

“我认为……”

“我以前留学三年，在这件事上最有发言权……”

我们在沟通时都听过类似的话，有些人强硬地将他们个人的感受作为大家共同的感受，来试图说服大家，这种说服方式往往效果不太好。每个人都明白一个很浅显的道理，你看到的是路，我看到的可能是悬崖，所以以己度人的知觉倾向，虽然自己用起来特别舒适，但是对于实际的沟通收效不大。

2. 有色眼镜。

我们必须承认，我们是戴着有色眼镜去看待世界的，对于自己或亲近的人犯了一个错误，我们的知觉是：谁也不是圣人，这么一点小错误不值得大惊小怪，下回注意就行了。而对我们不喜欢或陌生的人，我们的知觉则变成了：这么简单的事还犯错误，要么是不够重视，要么是脑子笨。可以看到，戴上有色眼镜的我们，知觉倾向让我们对待身边人、身边事严宽有别。

除了上面介绍的两种，还有很多知觉倾向需要我们察觉和注意，后面的章节也会介绍一些。

选择性知觉为什么会导致沟通障碍?

沟通中你有没有这样的体验：你兴高采烈谈到的话题被忽略，你的重点始终和对方的重点不一致，你的思路一直不能与对方对接。那有可能不是对方刻意为之，而是他的选择性知觉在起作用。

暑假马上到了，于莎莎想和老公沟通一下暑假带儿子去哪里玩。

“老公，去年暑假咱们去过桂林了，今年咱们去哪儿？”

“我觉得去哪儿都挺好的，老婆，你定吧，你的眼光一向都是挺好的！”

“那我也想听听你的意见呀，暑假要三个人都开心才行！”

“我看到你们开心，我就开心。”

“你看，我觉得海南和厦门都挺不错的，夏天适合在海边，不过那边的海边会不会很热啊，儿子可别晒伤了……儿子还可以在海边踢足球，你不是最喜欢冲浪吗，去个10天比较合适。不行，十天是不是有点短……哎呀，老公，你也帮着出出主意呀？”

“嗯……”

“老公，你到底有没有在听我说话。”

“当然在听啊，你说那里适合踢足球。”

“什么踢足球，我明明是在让你选去海南好还是厦门好。和你商量事情太费劲了！”

像于莎莎和她老公遇到的沟通困扰，我们在生活中也较为常见。兴趣影响她老公形成选择性知觉，他注意到于莎莎描述的足球词汇，这正是他平时感兴趣的运动，而对莎莎提到的其他事产生了回避。

选择性知觉帮助我们挑选了信息，却与对方希望我们了解的重点没有吻合。有可能是对方讲述不清，造成我们的错觉，也可能是像这则故事一样，完全是我们自身的原因，限制了知觉的外延与拓展。

如果我们想避免这一类的沟通障碍，那么就要注意自己的选择性知觉是否存在误差。

1. 拓展选择标准。

现在的人每天接触大量信息，造成人们以疲惫的状态面对和处理信息。很多人已经形成一种自发的筛选机制——自动过滤掉无用信息，仅仅保留与自己相关的少量信息。举个例子，我们在浏览新闻时，用目光轻扫一遍标题的关键字，一秒钟之内马上能决定是点击阅读，还是划到下一条。这种机制帮我们节省了很多时间。

但是沟通是一种双向甚至多向的互动关系，信息的选择标准不能仅仅是自己，还要从沟通的整体角度或从对方的角度来选取标准。

2. 打破定式思维。

长期形成的一种固有的思维模式就是定式思维，依赖定式思维我们可以减少选择信息的时间，但是定式思维也让我们在一定程度上忽略部分有用信息，阻碍我们形成整体的知觉。

阅读和学习可以帮助我们打破这种思维定式，在有规律的生活里，我们很难去经历生活范围以外的事情，但是阅读和学习可以延伸我们的生活边界，让我们看到天外有天，人外有人，更有源源不断的创新思维冲击着我们原本的思维定式。

知觉检核：正确认识他人的工具

知觉检核是我们沟通中广泛使用的一项重要工具，可以帮助我们正确认识对方。知觉检核不难理解，也就是说，当我们即将形成知觉时，我们需要暂时喊停，像检查作业一样，用委婉的、易于让对方接受的沟通方式，来向对方求证我们的知觉是否正确，从而修复知觉误差。

如果我们没有了解和使用知觉检核，则会产生误会，甚至引发沟通冲突，产生影响彼此关系的恶劣后果。

父子二人在就高考大学专业的选择进行交流。

“根据你这几次模拟考试的成绩，选一个一本大学的不错专业应该没问题。你有想学的专业吗？”

“我有很多同学都已经选好专业了，我自己有点想选数学系或电子工程系。”

“经济系和国际政治系也不错，你可以考虑一下。”父亲满怀期待地向儿子推荐。

“还是不了吧，我觉得那都不适合我！”儿子皱了皱眉。

“有什么不适合，我看你就是不考虑我看中的专业！”

“真的没有。”

“怎么没有，我刚才看你还皱眉头，分明就是认为我给你选的专业不好！告诉你，不听老人言，吃亏在眼前。”

这段熟悉的对话，仿佛能让人看到火药味在父子间弥漫。如果我们从知觉的角度考虑，父亲根据儿子的话和表情，认定儿子看不上自己选的专业，对于儿子的各种解释都听不进去。他的知觉如同一道坚固难摧的墙壁，让人看不到改变的可能。

如果父亲懂得使用知觉检核，他就能了解儿子更多的真实想法，包括儿子对专业的理解，对自己的判断等，然后他也能将自己的经验说给儿子听，提供给对方做参考意见。这才是知觉检核参与下的良性沟通模式。

经常使用的知觉检核一般有以下三个步骤。

1. 描述我们听到的话或观察到的行为。

2. 举出两种以上，你对此话语或行为的解释。

3. 诚恳请求对方针对他的语言或行为给出解释。

通过下面两个例子我们能更好地理解这三个步骤。

案例一：当我们发表自己的一些看法时，注意到对方表情不对，我们可以向对方表达：

“我注意到，刚才你一直在皱眉。”

“是我刚才提到的哪件事让你心里不舒服吗？”

“还是我现在谈这些的时机不对呢？”

“我想知道你心里的想法，请你告诉我吧。”

案例二：当我们谈到有关出行计划的话题且进展顺利时，对方突然给出否定，我们可以向对方表达：

“你开始的时候说周三之前我们要再见面谈一次，可是刚才你又说周二就要飞上海。”

“你是突然改变了主意吗？”

“还是你刚刚才想起来自己要周二飞上海的事。”

“关于你的打算，我想知道一个准确的答案，如果是临时改变了主意，我也想了解是为什么。”

运用知觉检核，我们会发现双方的误解可以立刻烟消云散，固执的想法也不是那么坚不可摧。建立知觉是一瞬间发生的事情，有时对方的态度我们难以把握，但当有了知觉检核这个过程后，对方也参与到我们的知觉判断中，他们对自己说过的话、做过的事更有发言权，比我们单方面的感知更加准确。

停止主观假设：他人未必会认同你的观点

在形成沟通知觉时，我们的信息依据到底是主观假设还是客观评判，这一点很重要。

导购在向顾客推荐一款商品。

“您看，这个青花瓷的酒杯是我们店里卖得最好的一款商品，商务宴请的场合使用很合适。”

顾客拿起酒杯仔细掂量：“看着确实很不错。”随后，顾客又拿起一个墨色瓷的酒杯。

“您看，您手里现在拿的墨色的就不如刚才青花瓷的。”

“为什么呢？”

“您想啊，青花瓷用起来多么大气、考究，您想象一下用青花瓷盛上美酒，是一件多么高雅的事。”

“可是我觉得用这个墨色杯也很气派！”

“我们店里的客人见到这个青花瓷杯就没有不夸的。”

“别人欣赏又不代表我欣赏！改天我再来看看吧。”

导购在给顾客推荐商品时，犯了两种典型的主观假设错误。首先，他将自己认为好的商品介绍给顾客，没有问过顾客的需求，是在用自己的认知代替顾客的认知。其次，客户表示喜欢其他杯子时，导购向客户表示其他人都喜欢青花瓷杯，又是在用别人的看法代替顾客的看法。这两种主观假设都阻碍了顾客的购买欲望。

当我们错将一种主观假设当作正确合理的判断时，沟通往往会受到阻碍，因为这种主观假设，在对方看来就是无稽之谈。如同这则例子一样，导购出于主观假设的论断，丝毫不能打动顾客。

想要判断我们形成的知觉是不是属于主观假设，首先要明白知觉对象的属性，会不会因为观察者个人的意愿不同而不同。举个例子，可能大家会更明白。我们来到了一个旅游景点，A 说这个景点非常漂亮，B 说很一般，C 说太差劲了。三个人根据自己的感受做出了截然不同的判断，很难说哪个人的看法是对的，在个人审美上这一点很难统一。但是如果我们问这个景点有多大的面积，这三个人会给出一样的答案，因为景区面积是客观存在的固定数值，不会因为换一个人回答就会有改变。

还有对价值的判断也是带有个人标签的。比如，我们在向老板说明自己希望增加工资时，会向老板说明自己非常辛苦，每天下班回家后都腰酸背痛，还经常加班赶进度，对工作价值的评判是出于主观的感受，仅仅用这些很难说服老板。

但是如果引用客观的数据，如一个月内加班天数大于10天，是全公司业绩前十的员工，带动销售5%等，这些有根有据的观点则更有机会得到老板的认同。

在这里并不是要你全部否定主观假设的意义，舍弃一切主观假设。但是在说服、谈判、讨论等正式沟通的场合，主观假设作用甚微，还会让对方质疑我们的专业性和严谨性。

避免初始效应：第一印象可能并不可靠

第一印象是指知觉主体与陌生人第一次接触或交往后所得的印象。

我们在看到一个人第一眼时，就已经为对方做出了一个大致的判断，通过他的相貌、着装、精神状态甚至开口说的第一句话，描画出他大概是一个什么样的人，很多人还会根据这个第一印象直觉反应自己是否喜欢对方。

一位心理学家做过这样一项实验：他安排两个学生各做30道题，要做对其中一半的题目，两人不同的是，前一名学生做对的是前15道题，而后一名学生做对的是后15道题。题都做完后，实验正式开始，心理学家找来一些人看两名学生做过的题，然后让他们评价两个人谁更聪明。结果，绝大部分人都认为第一名学生更聪明。

第一印象对沟通的影响也屡见不鲜。

一对服饰朴素的老夫妇走进某大学，想要拜访一下校长。由于没有事先预约，秘书先接待了他们。

秘书看到老夫妇衣着朴素，老先生穿着便宜的布料西服，老夫人穿着已经褪色的条纹棉衣，便认为他们一定是从乡下来的，肯定和某大学没有什么业务往来。

"您好，我们有事想拜访一下校长。"老先生礼貌地问秘书。

"他非常忙，你们今天估计见不到！"秘书回答。

老夫人说："没关系，我们等一等。"

再后来秘书一直没有理会这对老夫妇，秘书本以为他们等一等就走，却没想到老夫妇一等就是几个小时。

秘书见状没有办法，于是向校长说了这件事，希望校长能见一面，跟他们说几句话打发他们走。

校长无可奈何地同意了老夫妇的见面请求。

老夫人开口说："我们的儿子去年不幸离开了人世，他活着的时候曾经在你们学校读书，他对我们讲，在这里的一年时光很快乐，他非常爱这里。我们夫妇二人希望您能同意，我们想在这里留下一个纪念物。"

校长听后回答说："夫人，您的要求恐怕我们不能同意，不能因为您儿子生前曾在这里念过书就在校园里建雕像。如果这么做的话，校园里到处都是雕像了。"

"不是，我们不是这个意思，我们的想法是捐一座大楼。"老夫人解释说。

校长又扫了一眼老夫妇朴素的着装，表示怀疑地说道："你们清楚盖一栋大楼的花费吗？你看我们学校随便一栋教学楼都超过了750万美元。"

听到校长这么说，老夫人沉默不语。

校长以为他们知难而退，心中暗喜。

然而，老夫人向老先生说道："原来750万美元就可以建一栋楼，那我们为儿子建一座大学岂不是更好？"

于是老夫妇离开了这所大学，在另一个地方建设了著名的×××大学。

从第一印象判断别人的某大学校长，最后还是看走了眼。第一印象往往不准确，例如，我们看到一个长得漂亮的人，会首先在心里给他加分不少，然后在心里形成一种他可能心地善良的联想，但是长得漂亮和善良与否并无逻辑上的联系；而我们看到长相丑陋的人，会自然产生一种排斥和畏惧心理，即使对方内心光明，我们也可能会因为这个第一印象很久才能扭转观念。

如果我们想要避免因第一印象而对后面的沟通造成影响，就要降低第一印象在整体判断中的权重比例。所谓着装、相貌等都是外在表现，我们更应该关注其他的判断依据，如他在沟通中的表现，他真实的资料，等等。

跳出晕轮效应，别犯以偏概全的沟通错误

美国心理学家做过一个实验，他的实验对象是两个班级的学生。上课前，实验者向全体学生介绍，班里将邀请研究生来代课，并且告诉学生们这位新代课老师的一些具体情况。在其中一个班级，实验者说代课老师热情、勤劳、果敢等，多是一些正面的、积极的闪光点；而在另一个班级进行介绍时，实验者则用了相反的词，如冷漠、懒惰、犹疑。

两个班之间没有消息互通。在代课老师分别给两个班上完一节课后，一个班的学生对他非常友好，交谈很亲密；而另一个班的学生却对他敬而远之，表现出不感兴趣。

这就是著名的晕轮效应。沟通中也经常见到这样的情况，当我们突出关注或放大某个人的某一项特质后，这个观念就会植入我们的大脑之中，影响我们对接下来沟通的判断，从而忽视从整体去客观、公正地看待别人。

琪琪在火车上认识了邻座的徐阿姨，徐阿姨从成都到上海，去看望自己的

女儿，一路上，琪琪和徐阿姨相谈甚欢，徐阿姨给她介绍川菜的各种做法，还传授了一些生活的小技巧。

火车快开到上海时，琪琪的老师打来电话，询问她论文的情况。挂了电话后，徐阿姨主动问琪琪："怎么了？是论文写得不顺利吗？"

"是啊，有个实验数据不对，老师刚才打电话过来问。"

"可以跟我讲讲啊，实验哪里碰到问题了。"

"哎呀，这个您也不懂……"话刚一说出口，琪琪感到自己有点唐突。

只见徐阿姨笑了笑，说："我忘记介绍我自己了，我是四川大学的一名退休教师，说不定能在学业上指导你一二。"

一句话让琪琪大吃一惊，通过刚才的聊天，琪琪早就推断徐阿姨是一位生活经验丰富的家庭妇女，没想到对方竟然是学界的师长。

像琪琪一样，我们容易走入思维定式中，徐阿姨无疑在生活中有很多历练，通过交谈，琪琪能够感受到，但是这并不妨碍徐阿姨同样是一位优秀的大学教师，这两个身份并不冲突。有时候，我们陷入"晕轮效应"中，容易用片面的观点去评判他人，影响整体判断。

下面有几个方法，可以帮助我们避免这种以偏概全的思维定式。

1. 收集信息尽量全面。

有时候我们掌握的信息太少，但是又急于做出判断，得到结论，于是便将这些片面的信息当成整体的信息来处理，其实完全没有必要。

当我们遇到这样的情况时，可以这样表达：

"我了解的情况只有这些，通过这些内容我能认识到……"

"我表达得可能不准确，以后有新的资料，我会及时更新。"

不仅要进行这样的表达，我们收集信息的工作还要继续，下结论的动作要慢一些再慢一些，不要摆“坚持己见”的固执姿态。

2. 分析片面与整体的逻辑联系。

我们都知道管中窥豹这个成语，讲的是人们仅仅从一块花纹就判断是豹子的荒谬故事，讽刺的正是以偏概全的做法。虽然豹子身上有标志性的花纹，但是不代表有标志性花纹的一定就是豹子。当我们厘清逻辑关系，就能轻而易举地举证，自己掌握的信息，到底能不能涵盖整体。

用逻辑的方式来思考是能够打破“想当然”的困局的。比如，当对方说到昨天修改作业到夜里 12 点，有些人会自然联想到他以前也经常工作到深夜，如果我们此时用逻辑来分析，就能很快推断出，一天工作晚与每天工作晚其实没有任何逻辑上的联系，以偏概全的问题也能从此避免了。

摆脱“刻板印象”，避免沟通中的先入为主

刻板印象指的是人们对某一类人或事物产生的比较固定、概括而笼统的看法，这会对我们进行的社会信息加工起到很大的影响作用。它既有积极的一面，也有消极的一面。对于具有许多共同之处的某类人在一定范围内进行判断，不用探索信息，直接按照已形成的固定看法即可得出结论，这就简化了认知过程，节省了大量时间、精力，使人们能够迅速了解某人的大概情况，有利于人们应对周围的复杂环境。在被给予有限材料的基础上做出带有普遍性的结论，会使人在认知别人时忽视个体差异，从而导致知觉上的错误，造成先入为主的现象，妨碍我们对他人做出正确的评价。

沟通中的刻板印象也不少见，而且会让我们在不知不觉中用自己的思维给他

人贴上标签。

孔子周游列国的时候，曾经遭遇战乱，整日饥肠辘辘，不得不找些野菜来充饥。有一天，孔子的弟子颜回幸运地找到一些白米，煮了香喷喷的米饭，当饭快要煮熟的时候，孔子看见颜回将煮饭的锅盖掀开，偷偷吃白米饭。孔子当时并没有上前指出。

饭端上桌后，颜回恭敬地请孔子进食，孔子貌似不经意地说道："就在刚才，我梦到了自己的祖先，我想把干净而且没有人动过的米饭，拿一些来祭拜祖先！"

听到孔子这样说，颜回神色有点紧张，小心翼翼地说道："这不可以，我刚才吃了一口饭，没办法再用这锅饭祭拜祖先了。"

"为什么呢？"孔子问道。

颜回解释："我刚才在煮饭的时候，一不小心弄了点灰在饭上，我知道这是好不容易得来的米饭，脏掉的部分扔了实在可惜，所以我就将脏米饭吃了。"

孔子听了，恍然大悟，他对自己刚才误解了颜回感到愧疚，诚恳地说："平常我最信任的人就是颜回，却依然对他产生了怀疑，可见内心是起伏不定的，希望弟子们记住今天的事，要了解一个人，真的是不容易啊！"

这是《吕氏春秋》中描述的一段小故事。先哲孔子也难免陷入"刻板印象"的怪圈中，看到颜回背着大家吃米饭就先入为主地认为他偷吃。我们在沟通中也会遇到这样比比皆是的例子。例如，看到别人打哈欠，就会怀疑别人是不是对我们的话题不感兴趣，但也有可能是他前一晚熬夜了。看到别人反复看手表，就认为他是要赶时间，但也可能是他在等一个重要的电话。

如果我们想要在沟通中避免这种刻板印象，可以试试以下几个方法。

1. 摆脱经验束缚。

生活中我们不难观察到，小孩子是最没有刻板印象的人，因为他们眼中的任何一样事物都有可能是第一次接触，一切都是充满了新奇和惊喜，他们没有对生活形成自己的经验。但是人长大后，对很多事情司空见惯了，开始建立起种种观念和经验，刻板印象也就形成了。

我们需要适时摆脱经验的束缚，在自己运用经验来判断时，多打一个问号，试着反问自己：还有没有其他的可能？多抱着探索的心态投入沟通，我们就能少受到刻板印象的影响。

2. 建立批判性思维。

批判性思维要求我们从不同的角度去看待问题，避免了单一的局限性。因此批判性思维是攻克刻板印象的一支利箭。

比如，我们在和别人讨论一个问题时，就要接受它可能有至少两个答案，且每个答案都有可能是合理存在的，如大学生可以选择专注于学业，也可以在保证学业不受影响的情况下去发展其他爱好，还有可能学不下去转身投入其他领域。当我们接受了多种可能性，也就相应摆脱了持其中任何一种观念的刻板印象，即大学生必须是什么样的。

给予自己和他人公正的评判

人的一个劣根性是对自己宽容，对别人严格，这有时候在沟通中也难以避免。如果我们不主动察觉和避免这一点，不仅很难对自己和他人有一个公正的评判，还会影响沟通的效果和彼此的关系。

妈妈和上初中的儿子沟通最近经常打游戏的事。

“最近一段时间，我发现你打游戏有点着迷了，晚上也不出去打球了，就窝在沙发里打游戏。我还听你们老师说，他在上课的时候也抓到你在打游戏？你这是怎么了？”

“我同学都在玩游戏，也没见人家的家长管那么多。”

“我这样是对你负责任，到时候学习下滑，你就后悔了！”

“那你呢，你每天下班也是一直拿着手机看电视剧，看得比我还入迷呢，那天你都看到夜里1点了。”

“你提我干什么，我是大人，你是小孩，小孩和大人能比吗？”

女朋友数落做错事的男朋友。

“我昨天跟你说过了，今天一定不能迟到，我好不容易才约到这家餐厅，你看你再晚到五分钟，我们提前订的位子就被取消了。”

“真是对不起，路上正好前边有车坏了，高速路上堵了半天才通顺。”

“你要是早出来就没这个事，还是你出来晚了。”

“我出来得不晚，不是跟你解释了吗，是路上耽搁了。”

“我一说你的问题，你就找借口！”

“我记得上周你也迟到了，为了等你我还推掉了一个重要的会。”

“但我上次确实有原因，我有个朋友突然有事找我。”

“怎么你的原因就是原因，我的原因到你那儿就变成了借口！”

第一个例子中的母亲，还有第二个例子中的女朋友，她们在沟通中的表现都处处体现了“对自己一个标准，对别人另一个标准”这句话，而且在别人指出这一点时，她们仍然在为自己开脱和辩护。

在评判自己和他人时有失公允，究其根源还是趋利避害的天性使然。在我们犯错误的时候，为了让自己不那么难受，我们选择找各种理由为自己的错误进行再加工、再美化，让它有一个能让自己稍感安慰的原因。

可是，当我们面对别人的问题和错误时，趋利避害的机制就消失了，我们会真实地看到事实情况，甚至会根据对方以往的表现，推测一些不存在的内容，就像第二个例子中的女朋友一样，将男朋友解释的原因强行理解为借口，甚至认为对方态度有问题。

如果我们希望有一场和平的沟通，信任不被破坏，那么我们必须认识到标准的重要性，不能用双重标准来区分自己和他人，尤其不要对己宽容，对他人严格。

换位思考是一个避免出现双重标准的重要方法。先请看下面的对话：

“我发现你在其他事上都很勤快，怎么在做饭上就不肯花点时间呢？”

“我不觉得做饭有意思，为什么要花时间？你自己不也嫌运动浪费时间吗？”

显然，第二个人对于第一个人给自己的评价很不满意，甚至提出反例来质疑对方。这时候我们就要注意这种主观的评价已经在冒犯别人，让别人产生不快了，要立即反过来思考如果是我们自己不喜欢做饭，也是不会花时间在上面的。换位思考后我们要立即表示歉意，挽回刚才的失言。

以后我们在说出评价他人的话语时，要学会自然地换位思考，考虑评价是否公正，然后再发表意见就会“悦耳动听”多了。

开放心态，坦然面对他人的沟通“回馈”

沟通中，我们有可能会接收到各种各样的反馈，对于正面的评价，我们可以欣然接受，并由衷感谢别人的欣赏。但是面对负面的评价，很多人的表现就不那么洒脱和淡定了。他们感到自尊受到伤害，将那些原本客观的评价看作在为难自己，苛责自己，甚至面红耳赤、情绪激动地与别人发生争执。这种不平衡的心态导致了沟通无法继续进行。

最近不止一个人向李强反映与新来的员工张超然无法同组工作，李强管理自己的部门已经三年了，难免会有一些人在工作上产生小摩擦，但是从没有像这次一样，超过一半的员工来向自己反映问题。

李强决定先不找张超然谈话，而是默默观察一下实际情况。

一天，他注意到同事老于在和张超然交流。

“小张，这个报表有点问题，你看这一列数应该用其他函数公式计算，你是不是算错了？”

“用这个函数根本没问题，我都用多少年了！”

“不是，你看如果换成我说的这个函数，结果离真实值更近一些。”

“误差能有多少，我看你真是鸡蛋里挑骨头！”

“你这人怎么这个态度，我是在诚心诚意给你提意见，你怎么不知好歹？”

“谢谢你的诚心，我不需要！”

见到老于马上要发火，其他人纷纷过来劝。

“老于，别跟他一般见识，他经常这样跟别人呛着说话。”

“是啊，老于，为他生气不值得，他根本就听不进去你的意见。”

看到这样一幕，李强有一点明白，张超然为何与大家相处不下去了。

像张超然这样的人，生活中并不少见。他们一遇到提意见或批评，就会自动开启“攻击”模式，将别人的善意曲解为恶意。即使我们不认可对方对自己的反馈和评价，我们一样可以先尊重别人的表达，让对方有抒发看法的权利。避免在沟通中把自己变成一个“我行我素”“独断专行”的人。

要求别人只谈赞美不讲批评，是一件不现实的事情。选择封闭自己更是一种不聪明的做法，这等于堵死了一条进步的道路。我们需要以开放的心态、平和的情绪去面对别人的反馈和评语，像水一样包容万物，虚怀若谷。

1. 剥离反馈。

当我们听到一个反馈时，要适度将反馈与做评价的人相分离，这样我们就不会联想到对方是在针对自己。当我们成功将两者分离后，我们能够更加客观地评估这个反馈是否合理，减少判断失误。

比如下面这个对话：

“你的反馈是我第一次听到，我会认真对待。”

“希望你能重视，我是很诚恳的。”

2. 接纳各种可能性。

有可能别人的反馈不尽客观和公正，甚至带着偏见、对我们有所误解。但是我们不必与他针锋相对，反而要正确看待发生这种情况的背后根源：是不是双方之间存在误会，或是在刚才的沟通中自己的一些话引发了歧义。有了这种意识，并在沟通中合理表达，对方反而会自我检讨。

比如下面这个对话：

“首先，我很感谢你把我当成朋友，真心对我谈这些话，但是不是有什么误会，因为我从来没有这么想过。”

“难道不是吗？昨天你在和别人说话的时候，我听到了。”

“确实不是这样，我在这里正式向你进行说明……”

“那可能是我确实误会了，对不起。”

3. 把反馈转化为动力。

有些聪明的朋友特别看重别人的反馈，甚至主动询问别人的反馈。他们将他人的意见视为宝贵的财富，将反馈作为成长的动力。毕竟自我观察有局限性，但是周围人对自己的观察就会更加多元一些。

“良药苦口利于病，忠言逆耳利于行”，成长的前提正是尊重自己现有的不足。只有一个人越是不惧怕批评和指责，才会成长得越快。

CHAPTER 03

第三章

把握情绪，打造良好的沟通模式

沟通的本质：实现情绪的流通

人与人之间沟通，包含了重要的情绪转换和交流，认识到这一点，我们就会明白，用来交流的语言只是一种符号，承载着我们的意识和情绪，向另一方传递。任何一个沟通的过程，都有情绪的表达和交换。

一位母亲在劝导刚毕业的儿子。

"孩子，最近工作是不是很辛苦？昨天晚上你11点多才到家！"（母亲言语和神情间充满了担忧）

"没事！领导交给我一项重要的工作，那么多实习生，他就特别信任我！加班晚了点，没事！"（儿子表现出很高兴）

"真的假的？刚毕业就有重要任务？"（母亲带有一点怀疑，更多的是担心）

"我说你怎么就不信呢！"（儿子有一点生气）

"不是不信，你忘了上次你找工作被人骗了！"

"在你眼里，我就是这么无能！谁都看不上我！"（儿子非常生气）

"你这孩子怎么不知道别人是在关心你呢，还埋怨上我了！"（母亲也开始生气）

"我真是不想听你说话了，听见就烦！"（儿子的怒气丝毫没有减退，开始攻击母亲）

“我还不想跟你说话呢，晚饭你自己想办法！”（母亲的怒火也达到了峰值）

这位母亲和儿子的对话，充满了言语上的交锋，如果进一步剖析，我们会发现母亲和儿子都在借助沟通表达甚至发泄情绪。母亲对儿子的焦虑和担忧，儿子对母亲的抵触和反抗，都在交谈中有体现，以至于最后两个人的情绪都到达顶峰，交流也戛然而止。

既然在沟通中必然存在情绪，而且情绪占据重要的地位，那么我们就要充分认识情绪的特性，了解情绪在沟通中的积极意义和消极意义，最后善加利用情绪，而不被情绪反噬。

想要实现这一点，我们必须保证情绪在沟通中自然流通。

1. 不要压抑情绪。

一些朋友选择在沟通中不表达情绪，他们认为情绪有碍于沟通，这是一种错误的观念。我们要让沟通的对方了解我们的所思所想，自然也包括情感的方方面面。

如果我们过分压抑情绪，情绪不会自然消解，而是被积压在心中，当情绪累积得太多，直到我们难以负荷时，就会集中爆发。这也是为什么有的人在交谈的前半段还能较为冷静客观，但是突然间就情绪崩溃，正是因心中承载的情绪太重，他无法承担了。

2. 选择合理表达情绪的方式。

很多人不善于表达情绪，例如这个故事中的母亲和儿子，选择情绪词和攻击对方的方式来表达情绪，其实我们完全可以换一种途径。

比如，直接说明自己的情绪“这次我真的不高兴了”“你这么做真的让人很伤心”“做出这样的选择，我也经过了反复的犹豫，很多天都没有这么开心了”，等等。直接表达出的情绪，更能让沟通的对方了解并回应。

3. 有意识地辨别情绪。

我们的情绪分为悲伤、愤怒、伤心、欢乐、恐惧，等等。这些情绪随时随地在影响我们的生活，影响我们在沟通中的表达，我们需要有意识地去察觉这些情绪，并分析这些情绪产生的原因。

如果一个人在沟通中突然生气了，那可能是对方的一句话或一个表情诱发了这种情绪表露出来。即使我们在沟通中来不及对这种情绪的起因进行标记，那么在沟通结束时，我们也要及时察觉，才能对沟通真正起到帮助。

情绪体验如何影响你的沟通

关于情绪的重要性我们已经有了基本的认识，那么接下来就要深刻了解情绪体验是如何在沟通中发挥作用，进而改变和影响沟通的。

费斯汀格法则是这么说的：生活中的 10% 是由发生在你身上的事情组成的，而另外的 90% 则是由你对所发生事情的反应决定的。沟通的不确定性论证了费斯汀格法则的正确性。我们会对别人说出的话做出反应，而别人也会对我们说出的话做出反应。这些反应中很多都是非理性的情绪反应。

谈判桌上，紧张的气氛一触即发。每个人都不敢多发一言，害怕因说错话被对方抓住把柄，落了下风。只有两家公司的代表在不动声色中继续小心翼翼地谈判。

A 公司："我们非常希望与贵公司合作，所以才拿出了这么大的诚意。不谈利润，如果合作成功，贵公司在业界的地位相信能至少提升三个排名。"

B 公司："贵公司的地位是有目共睹的，整个领域不知道有多少公司想与您合作。不过嘛，您选择了我们，相信也是我们的一点实力得到了贵公司的少许青睐吧。”

A公司：“谁说不是呢，一年里成长最快的就是贵公司了，不过我听说您不是设计专业出身吧，还是需要向更专业的公司学习一下。”

B公司：“你说谁不是专业的！”

陡然升高的音调，面红耳赤的样子全都显示出B公司代表瞬间被这句话激怒了，他怒不可遏地指责对面坐的A公司代表。两旁的人都慌忙劝阻。B公司代表依然怒气不减，甩门而去。

一场五个小时的谈判因为一句话画上了句号。

按照两家公司最初的设想，由于必须争取各自的利益，双方即使有分歧，也会努力朝着合作的方向去沟通和交流。但是我们必须要承认一点，这是一种理想状态，这种理想状态必须去除情绪的负面干扰。在关键时刻，B公司代表因为A公司代表的一句话，引发了情绪上的转变，瞬间他变得不冷静起来，大脑已经在情绪的影响下无法正常思考，最后这场谈判在众人的惋惜中前功尽弃。

如果我们不想让情绪成为沟通的牵绊，那么我们必须了解以下两个方面的内容。

1. 情绪体验具备个人色彩。

情绪极具个人色彩，有些人可能因为一件事产生情绪变化，而有些人则完全不会。因此，我们在考察情绪如何影响沟通时，必须就特定的人、特定的事情来判断。

据研究调查，儿时父母离异，受过心灵创伤的人，在成年后，情绪上也会留下当时伤痛的烙印。因此他们在听到或看到类似的事情时，情绪波动可能会比别人大。我们在研究情绪时，一定要做到“看人下菜碟”，这样才能更好地帮助我们了解自己和沟通对象的种种情绪表现，不断调整沟通的方法。

2. 情绪体验可以被引导。

如果将情绪做一个比喻，那么它就像一条河流，河水蜿蜒，似乎随心所欲，但是遇到不同的地势也会改变流向。情绪也是一样的，我们完全可以通过思想控制情绪，当我们不开心时，我们会及时进行排解；当我们情绪低落时，我们也会找事情做来改变现状。

在沟通中出现的情绪，也可以被引导和改变，同时，我们也能借助一些方法，来引导对方的情绪，使得沟通能够更加融洽。

认清自身情绪，做好沟通的准备

沟通前我们会做各种准备工作，如约定沟通的内容，时间、地点等，还有一个重要的部分，我们也一定要做好万全的准备，那就是情绪。

赵晓东睁开双眼，发现已经早上9点了，他约了客户上午10点整在写字楼的咖啡厅见面，谈一谈关于新产品推介的事情。赵晓东慌慌张张洗漱，赶紧换好衣服，马不停蹄地赶往约定的咖啡厅。

差5分钟10点，赵晓东赶到了，他暗自庆幸着。

客户也准时来到了咖啡厅。

“李经理，这次我们公司准备在新品发布会上推出这几款小型家庭烹饪电器，您看到的这款破壁机就是本次发布会的重中之重……”赵晓东在客户面前展开商品图册认真介绍着。

“你介绍的这几款都不错，我看不仅适合国内的市场，国外的市场也可以试一试，我们公司最近在和英国方面的几家公司接洽，你们的产品也可以给他们介绍一下。”

“那真是太好了！我们的产品不论在外观还是性能上都是过硬的。”

“不知道你们公司有没有英语好的人，见外商的时候可以一起去。”

“英语好的人……”赵晓东兴奋的表情瞬间消失了，他低沉木讷地瘫坐在椅子上。

“你们公司有没有推荐的人选？”客户再次问道。

赵晓东面对问题，仿佛陷入沉思，没有任何回应。

“你到底有没有在听我说话？”客户见到赵晓东的样子，升高了语调。

“这个这个，真是不好意思啊，李经理，您刚才问什么？”

“我刚才问什么？你也不必知道了，今天就先谈到这里吧，我公司还有个会。”说完，李经理头也不回地走了。

回到公司后，赵晓东被领导一通批评。

“这次你是怎么了？李经理都跟我说了，这次表现可不像你啊！”

“是这样的，领导，我昨天商务英语考试的成绩出来了，准备了那么长时间却没有通过，我有点难过。这次在客户面前失态是我不对。”

“你可是老员工了，别带着情绪见客户，这事难道你不懂吗？这个月的奖金你别想要了！”

赵晓东的考试失利了，但是就像上司说的，他不该带着伤心难过的情绪去见客户。我们在开始一次沟通之前，必须彻底了解和清楚自己的情绪，并且辨别我们的情绪对沟通到底是有利的还是有害的。

下面让我们来认识几种常见的情绪，以便在沟通时留意。

1. 高兴。

当我们的情绪处于高兴的状态时，整个身心会较为轻松，此时我们乐于与别人分享和交流内心的喜悦，在沟通方面具备积极的冲动。我们在沟通中一般也能表现得友好、亲切，对于别人也能做出积极、肯定的回应。因此，当我们高兴的时候，可以很好地展开一段沟通。

但有一种情况是，当我们过度高兴时，有可能引起反向的结果，我们熟知的"范进中举"描述的就是这样一个故事。范进寒窗苦读多年，一朝中举，大喜过望，竟然情绪不能自控，变得疯疯癫癫。

人处在极端情绪的时候，是不能正常沟通的，高兴也不例外，因此我们在过度开心时，不妨先给自己降降温，冷静一下再去沟通。

2. 愤怒。

愤怒的产生往往是因为自己对周遭的事物有强烈的不满，或是自己受到了挫折。愤怒会让一个人的神经紧张起来，心怀愤怒的人有可能在沟通中也无法压抑这种情绪，表现出防御或攻击的姿态。

而且，我们很多人都有过这样的体验，一旦愤怒发挥作用，我们有可能表现出语无伦次，手足无措，这足以说明愤怒影响了人的思考，语言都开始变得混乱。

因此，最好不要带着愤怒的情绪进入沟通，这对自己和对方都是一种伤害，尤其是如果对方是我们渴望发展或稳固关系的人，这种方式更加不可取。

3. 悲伤。

悲伤是一种低落的情绪，当我们陷入悲伤时，往往会忽略周围的一切，只聚焦于自己的感受。而且悲伤的人看待事物也是消极且不客观的，虽然悲伤的情绪一般不会影响我们的沟通，但是我们在悲伤时会回避与人交流，更喜欢独处。

有的时候，沟通是一个能帮助我们从悲伤中走出来的好方法，因此，我们可以适当鼓励自己，勇敢地对别人袒露自己，让他人来帮助自己。

管理情绪，别让“无助益情绪”影响沟通

一个漂亮的盆景，需要花艺大师不断修剪裁枝，才能疏落有致、情绪盎然。情绪亦然。我们在交流中表达情绪，但是不能将情绪变成肆意泛滥的洪水，去冲刷别人的思想。因此，我们必须像花艺大师一样认真管理情绪，让有害情绪远离沟通，才能让沟通之路越走越宽。

因为学生不听话，新入职的林老师找到自己的年级组长诉苦，希望能听听前辈的建议，改善她管理学生方面的问题。

“您不知道有多烦！每天都是班里那几个不听话的学生在捣乱，不仅不能按时交作业，还在课堂上聊天，吵得旁边的同学都没法认真听讲！我真是拿这几个孩子没办法！”

“那你找他们谈话了吗？”

“怎么没找啊！谈话都不下 10 次了，可是没什么用啊！”

“我想听听你是怎么跟他们沟通的。”

于是，林老师安排了一次谈话，让年级组长帮自己在一旁看看。

“我跟你说了多少遍了，让你不要在上课时说话，你怎么就是不听呢！你不知道老师有多辛苦，每天还得处理你的事！真是，你少说一句话，我就能少长一根白头发，每天都为你们几个烦心！我现在真是看见你们就烦！”

年级组长打断了林老师，让那名学生先回去了。

随后他对林老师说：“老师的工作确实非常辛苦，但是我们现在是要解决学生不听话的问题，而不是向他们发泄情绪。你在跟他沟通时，既没有听他们说

说原因和看法，也没有给出具体方法或惩罚措施，这样下去，即使谈上20次、30次还是没有效果。”

林老师若有所思地点点头。

年级组长继续说：“我们首先要控制好自己的情绪，才能清晰地看到问题所在，才能找到合适的方法去解决。你不妨下次试试，让自己在冷静的时候再跟他们谈。”

年轻的林老师只会在与学生的谈话中发泄不满的情绪，却没有发现自己的情绪不仅没有帮助学生改正问题，反而使糟糕的情况愈演愈烈。当沟通变成了一种有害情绪的对抗时，这样的沟通也就毫无意义。

如果我们想尽量减少沟通中的“无助益情绪”，让沟通重新回归到理性、健康的环境中，我们不妨从以下几个方面做一些努力。

1. 改善健康。

不知道你有没有想过，人的健康程度也会带来情绪上的变化。当我们前一天晚上没有休息好时，第二天就会情绪不稳定。当我们身体的某个部位不舒服时，就会变得意志消沉，情绪低落。

身体的健康状况与情绪有着莫大的关系，如果我们想管理好情绪，不妨先让自己有一个健康的身体。现代人工作压力大，生活作息不规律，身体处于亚健康状态，情绪也变得多变，有时候甚至不可控。我们想要在这种情况下寻求一种身心的平衡，应尽量让自己回归到“三餐正常”“运动规律”“睡眠充足”的健康轨道。让情绪也变得平和，易于管理。

2. 改变对事物的看法。

管理情绪一个很重要的核心是“改变我们对事物的看法”。我们会发现，那些善于管理情绪的人，并不是自制力有多么强，而是他们对事物的看法和我们不同。

就像成语“塞翁失马，焉知非福”说的那样，塞翁总能以乐观的心态面对事情，因此他的境遇也好于别人。当我们改变了对事物的看法，就会发现原来可能产生的负面情绪是可以不存在的。

3. 用陈述事实代替发泄情绪。

卢森堡在《非暴力沟通》中说过：“也许我们并不认为自己的谈话方式是‘暴力’的，但我们的言语确实常常引发自己和他人的痛苦。”

我们需要适当改变自己的沟通方式，尽量用陈述事实的方法来表达思想，如此一来，有害的情绪就会被合理的想法替代，同时沟通的对方也能真正了解我们的内心。

把握尺度，用“情绪词”合理表达感受

有一些词语是可以来表达我们的感情的，如高兴、欢喜、开心、气愤、发怒、哀痛、伤心、忧伤、害怕，等等。这些词语不仅能表达情绪的性质和类别，也能表达程度上的不同，像高兴和狂喜两个词，狂喜明显比高兴程度要高很多。

通过这些语言词汇，我们就能知道对方实际的情绪浓度。但是如果我们不能准确使用这些词语，选择有误时，可能会引起误会，甚至影响沟通。

思明和琪琪在一起交往三个月了。在思明眼里，琪琪漂亮迷人，爱玩爱闹，自己能追到琪琪是一件不敢想的事情，但是琪琪有一个不好的习惯，让思明有一点介意。

“思明，昨天我新买的香水怎么都找不到了呢，太让人难过了！你说怎么办啊，我今天还想喷这个香水去见朋友的，我的心情太糟了！”

“我不喜欢吃这个菜，你还非要点，真是要气死人了！不吃了！不吃了！”

“思明，你是不是忘给我买那个发卡了，我发现你真的是不在乎我，我的心都被你伤透了！”

……

诸如此类的对话，经常在思明与琪琪的生活中出现，虽然琪琪口中总是说着我太难过了，我太伤心了，但是思明发现她实际上没有那么难过和伤心，说过之后还能高兴地追剧、吃美食，似乎没有一点影响。

“宝贝，你有没有觉得，有的时候你的表达很极端，就像这一次，衣服搭配错了就被你说得像天塌了一样。”

“是吗？我自己没注意啊，那可能是我太想引起你的关注和关心了吧。”

像琪琪这样，用极端的情绪词来表达不匹配情绪的情况，我们身边有时候也会遇到。这样不分尺度的表达方式，不仅不能帮助沟通的顺利进行，还会让对方感觉混乱，以至于做出错误判断。

如果我们想在实际的沟通过程中避免这个问题，可以运用下面几个方法。

1. 丰富自己的语言词汇。

一个词语是不能准确表达人类的所有情感的，因为情感有程度上的不同，所以人们发明了很多的词语来进行彼此区分。因此，我们要丰富自己的语言词汇，知道何种程度的情绪该用何种词语，这样一来，别人再判断我们的情绪时就能够更加准确和客观了。

2. 适当冷静再表达情绪。

情绪像一条曲线，既有波峰也有波谷。沟通中，当我们被对方用语言激惹时，下一秒生气的情绪会达到峰值，但是当时间继续，我们的情绪浓度就会下降，这是因为我们会用头脑去思考生气这件事。在思维的作用下，我们反而没那么生气了。所以建议大家稍微冷静下来再表达情绪，否则在峰值的情绪会被我们当成真实的情绪表达出来，造成表达上的不准确。

3. 学习别人的情绪表达。

情绪表达也是可以进行积极模仿和学习的。我们可以观察一下身边的人，朋友、同事、长辈等，观察他们是如何表达情绪的。然后在自己沟通的过程中一点一点实践。久而久之，我们糟糕的表达习惯会被纠正，取而代之的是优秀的情绪素养。

修炼“内在韧性”，提升情绪切换能力

我们在沟通中难免会遇到各种各样的负面情绪，有些人遇到糟糕的情绪，要恢复很久才能调整过来，有些人却可以很快地进行切换，丝毫不影响接下来的沟通。

无疑，这种情绪切换能力非常可贵，是我们要努力获取的一种能力。吴伯凡老师曾说：“在这个时代，情绪切换能力越快，越容易在同辈中脱颖而出。”

周末的晚高峰，道路上车流拥挤，李铭载着妻子一起下班回家，在路口前焦急地等待交通信号灯变绿。

咣当……

变灯的一瞬间，旁边的车突然变道，撞到了李铭的车。

“怎么开的车！想找死啊！”李铭在车里愤怒地咒骂，但是他没有立刻推开车门找那辆车的车主理论，而是在车里冷静了几秒钟。

下车后，李铭没有像刚才那么生气了。

“现在是晚高峰，大家开车都不容易，这样我们拍好照片，然后走快速解决的办法吧，尽快把车挪开，别影响其他的车。”

对方车主原本以为李铭会生气，没想到李铭能对他说这样的话。

“您说得对，都怪我，开车时太着急了，变道时大意了。”

“没事，咱都是开车的，路上磕磕碰碰都是难免的，不过哥们儿下回咱可别这么开了。”李铭笑着说。

“真没想到啊，我以为得和您吵一架呢，换成别人早生气了。佩服，佩服！”

“没事，咱们快点挪车吧。”

回到车里，妻子很惊讶地问李铭：“你怎么做到的，居然不生气，其实碰上这种事，生气也是应该的，是他撞了咱们的车啊。”

“可是对沟通没有帮助啊，如果生气能解决这件事，我还可以出去和他打一架！”李铭开玩笑地说道。

李铭非常明白，生气无益于沟通，因此在打开车门的那一刹那，他选择沉着冷静地面对这件事，迅速沟通，迅速解决，最后这场小的碰撞事故平和收尾。

情绪转换能力在沟通中的运用非常广泛，我们如果想提升这种能力，可以通过以下几个方面来实现。

1. 接受既定事实。

一直陷在情绪里不肯自拔，其中一个重要的原因是我们不肯接受已经发生的事实。因此，如果我们想要快速脱离情绪，就要对事实给予尊重和肯定。一旦我们清醒地认识到事实不可改变，发生的已经是过去式，我们就不会太过纠结，转而将目光放在长远的未来。

2. 牢记沟通的目的。

有的时候，我们会因为糟糕的情绪暂时忘掉沟通的目的，被情绪牵着走，导致思路偏离了原来的目标。当沟通中出现消极情绪时，我们要立刻在心中重复一遍沟通的目的，如此一来，就可以实现情绪的快速切换了。

3. 转换沟通内容。

处在某一个环境时我们的情绪很差，如果换一个环境，心情也会焕然一新。沟通也是如此，当两个人谈到某个话题被情绪困扰时，不如主动调换沟通内容，从刚才的语言环境中抽离出来，等情绪彻底平复时，再回归上一个话题。

4. 预设最坏情况。

当听到意想不到的话时，我们的情绪反应可能会较为激烈。当我们做好准备，对方可能用恶劣的话语来对待自己时，我们可能反而会没那么生气了。

因此，我们需要预设一下在沟通中有可能出现的各种情况，在真正遇到问题时，能有效地抵御。

提升同理心，更好地觉察他人的情绪

沟通中的同理心指的是站在别人的角度来思考他的表达和目的，从而理解别人的一种心理学方法。在沟通时积极运用同理心，可以帮助我们更好地觉察别人的情绪，尤其是当情绪不外露的时候，同理心更是可以发挥很大的作用。

曼妮从国外旅行回来，给好朋友同雅介绍自己在旅行中的见闻。

“亲爱的，爱琴海的落日太美了！白色的小房子像童话里的城堡一样！对了，我在回来的途中，也就是在飞机上还认识了一个帅哥，他也是从欧洲旅行回来的，一路上我们不仅聊了旅行，聊了工作，还聊了对人生的看法，想不到，他和我有很多想法都一样！”曼妮沉浸在喜悦中，情不自禁地讲述着。

“我上次刚看到有个新闻说，一个女孩在路上被男人骗了，你可别犯傻，好事坏事还不一定呢，也不知道你在高兴什么。”同雅说道。

“你怎么就知道给人家泼冷水呢，我偏要和他交往看看，证明给你看！”

“随你便，上当了可别来找我，我这可是为你好。”

从表面上看，同雅虽然处处替曼妮考虑，害怕她上当受骗，却没有站在曼妮的角度去想事情，也对她当时的快乐情绪没有察觉。如果同雅可以运用同理心，那么她们可以是以下的对话。

“亲爱的，爱琴海的落日太美了！白色的小房子像童话里的城堡一样！对了，我在回来的途中，也就是在飞机上还认识了一个帅哥，他也是从欧洲旅行回来的，一路上我们不仅聊了旅行，聊了工作，还聊了对人生的看法，想不到，他和我有很多想法都一样！”曼妮沉浸在喜悦中，情不自禁地讲述着。

“听起来真是不错，能在飞机上有一次艳遇，一定很开心吧！我看你的嘴都快合不拢了！”

“哈哈，我也是没有想到，你看我以前有多不幸运，可能是好运气都集中在这次旅行上了。”

“他是个什么样的人啊，快跟我说说，我可得替你好好把把关。”

当同雅运用同理心充分感受曼妮的喜悦时，她由衷地替曼妮感到高兴，然后她才能与曼妮继续沟通下去，帮助曼妮考察那个男人，发挥朋友的作用。

人们都说“忠言逆耳利于行”，但是忠言完全可以在富有同理心的前提下提出，会显得更加有温度，更加容易让人接受。

运用同理心，可以遵从下面两个步骤。

1 站在对方的角度。

发挥同理心的第一步，是从自己的角度换到对方的角度。举个例子，当我们将沟通的焦点定位于自己时，有可能会向对方说出这样的话：

“我都说了多少遍了，你怎么还是犯错误？”

此番缺乏同理心的话一出口，只会加重对方的内疚情绪。这是站在我们个人角度的话，代表了我们的个人经验和成功学。但是当我们站在对方的角度时，会看到月亮的背面——他情绪的另一面。我们可能会去这么表达：

“上次犯错误时我也像你一样难过，我能体会你的无助。”

当他听到你温暖的话语，感受到你们是站在同一阵线的，心门的一角已经开启。

2 挖掘对方的沟通动机，触发情绪表达。

运用同理心的第二步，是探究对方隐藏的意图，用开放的方式引导他表达自己的情绪。例如，当一个人处于痛苦时，他可能不会主动向我们表达，我们需要积极地引导他。在第一步的基础上鼓励他说出心中的话，让我们对他的情绪能够了解得更为透彻。

尊重心态：良好沟通的前提

法国哲学家克洛德·阿德里安·爱尔维修撰写了一部作品，但伏尔泰非常不认同，严厉批驳了这部作品。可是当伏尔泰得知政府要封查爱尔维修的这部著作时，他却挺身而出为其辩护。霍尔在评论该事时写道：“‘我不同意你的说法，但我誓死捍卫你说话的权利’从此便成了伏尔泰的一贯态度。”之后，“我不同意你的说法，但我誓死捍卫你说话的权利”这句话经讹传为伏尔泰的名言。

虽然被讹传为伏尔泰的名言，但霍尔评论的这句话其实也能引起我们的思索。尤其是在沟通中，充分尊重别人，以开放的姿态对待别人，给予他说话的权利，正是我们需要积极提倡，也是应该时刻提醒自己做到的基本沟通准则。

喜剧明星小林结束了一次表演后，在朋友的介绍下，认识了一个对他仰慕已久的观众。小林和对方很谈得来，很快就成了关系不错的朋友。

在表演结束之后，这个新朋友请小林到家里做客。在用餐前，这个作为棒球迷的朋友带着小林观看了自己收藏的和棒球有关的纪录片，并且兴致勃勃地谈起了心爱的棒球比赛。

朋友对棒球爱到了痴迷的境界，一旦打开话匣子就收不住了，滔滔不绝地和小林谈起了棒球运动。从对方谈起棒球开始，小林的话就少了很多，大多数的时候都是朋友在讲，他则微笑注视着对方并认真地听着。

朋友说到高兴的地方，两只手异常兴奋地比画了起来，他说起自己亲自体验到的一场精彩比赛时，仿佛已经置身于万人瞩目、激动人心的棒球场上了，完全沉浸在了对那场比赛的回味之中。

小林仍旧微笑地看着对方，偶尔插上几句，让朋友更详细地介绍当时的场景。朋友越说越兴奋，只是对一直没能得到那场比赛里明星人物的签名有些沮丧。不过，这种沮丧的情绪很快就被他对那场比赛的兴奋所冲淡了。

那天中午，沉浸在兴奋之中的朋友说得兴起，差点把午饭都忘记了，直到他夫人嗔怪着让他快点带客人来吃饭的时候，他才不好意思地笑着拉起小林来到了餐桌前。

那天的午餐，大家的兴致都非常高，尤其是小林和这位新认识不久的朋友，彼此之间相谈甚欢。

小林在交谈中，充分给予了对方尊重，即使自己不懂棒球，也耐心地听这个人说话，让这个人感受到莫大的快乐，以至于后来这个人回忆起这次聊天时，仍然说道："我今生能够成为小林的朋友，是我最大的荣幸。是他让我明白了什么叫作真正的尊重和真正的友谊。他的人格光芒，照亮了我的一生。"

我们在沟通中也需要学习小林的这种品质，将尊重送给沟通的对方。

1. 不打断别人的话。

每个人都有表达的权利，我们要表达尊重，首先就要尊重他说话的权利。在进行沟通时，别人尽情倾诉的过程中，我们要克制自己想表达的欲望，即使双方的观点不同，也要等对方讲述完毕再说。

2. 不纠正非原则性问题。

有些非原则性问题，我们需要给予对方包容，而不是指正。例如，别人喜欢红色的衣服，而我们喜欢蓝色的衣服，对方喜欢红色没有什么错，而我们却非要从自己的角度去否定别人的审美，这就是不尊重对方。因此，凡是原则性问题，我们不能妄加评判，切不可以自己的观念强加于别人。

3. 不要轻易质疑对方。

别人在谈论一件事情时，不要第一时间去质疑别人，这种不经思考脱口而出的质疑，会让别人觉得尊严受到践踏。如果有些人在沟通中存在这个不好的习惯，应该努力改正，可以提出自己的看法，但是不能用攻击的方式来证明自己是对的。

站在对方的立场，给予认同感

美国汽车大王福特说过："假如说服有什么成功秘诀的话，那就是设身处地替别人着想，了解别人的态度和观点。"

当我们不明白别人为何有奇怪的情绪时，可以站在对方的立场去思考问题，换位思考后，我们就会对对方的种种情绪表现有所理解。如果我们仅仅站在自己的角度，那么沟通的两个人如同两条平行线，沟通总也没有相交的点。

最近，李思阳与母亲经常说不到三句话就会吵起来，这让李思阳非常苦恼，过去善解人意的母亲怎么突然变得脾气暴躁起来。

"明天的旅行你打算带些什么？"

"带上一些短袖衣服就行了，还有这几本书，如果比预定时间待得长，我在那边再买些衣服。"

"那你还不如带两个箱子呢，把你柜子里的衣服都带走，省得再花那个钱了。"

"您说的根本不现实，我怎么可能把衣服都带上，再说了只是有可能多待几天，现在还说不好呢！"

"说不好！说不好！你就没有什么事是说得好的！"母亲说着说着突然生气了。

"怎么又生气了啊，都好几回了，说不到几句话就生气！"李思阳见到母亲这样也有点气恼。

后来李思阳与朋友聊起母亲的种种反常时，朋友一针见血地指出："你是不是最近经常出差啊，你母亲肯定是见你总是出差，希望你陪在她身边又怕影响你工作，所以才会这样。有一段时间我家里人也这样。”

李思阳恍然大悟。

李思阳经过朋友的点拨，才了解母亲的负面情绪产生的缘由。我们在沟通中也要避免这个问题，如果对方有情绪，一定是有些外在的事情刺激她做出了反应，这种反应是一种内在感受，如果我们不换位思考，很难觉察到这一点，也就很难进一步给予认同感了。

我们可以通过以下两个方法来了解对方的立场。

1. 结合对方的身份、地位和经历。

我们经常看到员工抱怨说：“怎么领导的想法都奇奇怪怪的，真是不可理喻。”但是当这个员工走上领导岗位，面临了同样的境遇时，他瞬间就理解了以前领导的想法。

每个人的身份、地位和经历都不同，因此看问题的角度、情绪的出发点都不一样。在沟通时，我们要从这几点去分析，从而得到准确判断。

2. 了解对方真实的沟通目的。

在李思阳的故事里，母亲看似是在关注李思阳带几件衣服，其实是想借助这件事倾诉孤单以及对儿子的想念。因此，我们在沟通时，要区分对方的表象目的和真实目的。这样我们才能站在对方的立场，充分给予认同感。

分析对方的消极情绪，找到真正诉求

我们一直避免在沟通中出现消极、负面的情绪，这是为了避免影响沟通效果。但是如果在沟通时对方出现了消极情绪，我们则要冷静客观，透过现象看本质——了解对方的真正诉求。

丝绸店里来了一位难搞定的顾客，小何在一旁小心翼翼地陪同顾客挑选。

“您看这一匹丝绸怎么样，是上个月我们店里新到的花色，清新雅致，很符合您的气质。”

“看着还不错，蛮清丽脱俗的。”顾客看了一眼，又走向其他的丝绸面料。

“这一匹呢，您再看看，这款花纹的工艺是现在最流行的，做旗袍或短衫都非常适合，颜色也百搭。”

“你说的这个也不错，看得出你挺懂顾客的心思啊。”虽然嘴上这么说，但是这位顾客依然没有在这匹布料面前停留，转而去看其他的布料。

小何心里有点着急了，顾客已经挑了半个小时还没有称心的。

“你看这匹布料就不如你刚才推荐的，我记得去年就见过这个颜色花式了。”

“是的，这是去年推出的。”

“你再看看这个，是不是容易抽丝啊，真让人担心啊！你们店里怎么进这么差的面料啊？”顾客的脸上有几分怒气。

小何不知道该如何招架，赶忙找来了店长。

店长满脸笑意地对顾客说：“我们店的信誉和质量，肯定是让客人放心的，不过您说得太对了，这颜色和花式都过时了，所以这匹布我们在降价出售。”

“哦？”顾客没有刚才那么生气了。

“是的，女士，这匹面料八折出售，您是我们店里的老顾客了，应该知道我们的面料从来没有低于九折出售过。”

“那你这匹布放在这里也是白落尘土，给我一匹吧。”

看到顾客愿意掏钱买，小何不敢相信自己的眼睛。顾客走后，店长对她说：

“你的经验少，不清楚有的客户说着说着就跟你生气，其实是她看中了那匹面料，但是又对价钱不满意，所以才生气，这样的顾客其实更好成交！”

店长给小何上了一课，让她明白顾客的一些真实心理。与顾客沟通需要分析顾客的情绪，我们在进行其他沟通时，也应力求做到这一点。

我们可以从以下三个步骤来分析对方的情绪。

1. 提升感知他人情绪的敏感度。

有人天生对情绪的敏感度低，别人高兴或不高兴，他们都很难察觉，这样的人在沟通中很吃亏。他们需要亟待提升的一个能力，就是提升感知他人情绪的敏感度。

我们可以通过对方的表情、动作甚至一个眼神来感知，这种观察力需要日积月累、长期学习。

2. 探究情绪背后的原因。

情绪发生一定有原因，如果是在沟通过程中，对方的情绪突然有了一百八十度的转变，那么很可能是我们的某句话触发了他的情绪。

当我们弄不清楚对方为何做出这样的情绪反应时，就有可能是和他的目的有关，就像上面的故事，顾客想要用便宜的价格买到丝绸面料，所以吹毛求疵，在小何眼里就是乱发脾气，店长却对顾客的反常一眼看穿。

3. 用沟通技巧验证自己的判断。

当我们对他人的情绪有了一个基本的判断时，如果处于假设的阶段，我们最好将这种假设投射到现实中，也就是用一些沟通技巧来印证自己的判断是否正确。

“是不是我刚才的话让你有点不高兴啊？可能我说得太绝对了。”

这个时候，对方就会做出一个回应。

“是有一点介意，我从小就不喜欢别人说我胖。”

如此一来，我们的判断得到了证实，就可以就她的情绪进行开解，以便接下来继续沟通。

注意“情绪边界”：别被他人的情绪所左右

回想一下我们以往的沟通历程，有没有过被他人的情绪带动和影响，比如，本来自己非常高兴，但是当对方表现出愤怒时，我们高兴的情绪会消失，也会跟着对方不由自主地愤怒起来。相信很多人都会给出肯定的回答。

晴晴拖着疲惫的身体回到家，老公关心地问道：“宝贝，是最近工作太累了吗？”

“不是的，项目刚结束，现在没有那么累。”

“那是怎么了？我看你这几天心情都不太好似的。”

“是这样，同事梁姐托我打听学区房的事，我不是有个同学以前对学区房挺有研究吗，梁姐听说了就天天跟我聊学区房。”

“那你就把你知道的说给她听就好了啊。”

“我也是这么想的，谁知道梁姐聊学区房的时候，还跟我抱怨她老公不理解她，她老公认为孩子在家附近上学就行了，没必要买学区房，她儿子也不懂事，这个月考试成绩又下滑了10名，家里让她操心的事太多了，听她一遍又一遍地说，搞得我都焦虑了。唉，老公，等咱儿子上学时是不是也会像她一样难受啊。”

“以后我不知道，不过现在你可是被她影响得不轻！”

晴晴没有意识到，自己已经被梁姐影响，负面情绪随着沟通转移到了她的身上，对她的生活造成了影响。为了避免这个问题，我们需要保护好自己的情绪边界，不让其他人的负面情绪影响自己。

1. 厘清关系程度。

身边亲近的人一般对我们产生的影响较大，而关系稍远一点的人则没有那么大的影响。

举一个很简单的例子，一个闺密对你说起她最近失恋了，看到闺密痛苦的样子，你的心情也可能会跌到低谷，和她一起伤心难过。但是如果一个客户向你谈起自己前两天失恋了，虽然我们也会尽力去安慰，但是对自己产生的情绪影响会少很多。

在感受他人情绪时，我们首先要厘清彼此的关系程度，这样一来，我们会抵挡住很多亲近关系以外的人的情绪波及，为自己建造一个稳定的“情绪安全岛”。

2. 逃离假设性命题。

在晴晴的故事里，她就犯了一个假设性错误，学区房以及家庭矛盾的事情是发生在同事梁姐身上的，与晴晴毫无关系，但是晴晴却假设自己也经历了这些事，进入情境太深，从而引发了相关的负面情绪。

我们可以在沟通中适当“共情”，以便设身处地为对方着想，但是也要时刻提醒自己，我们与对方是两个个体，情绪与情感是不能互通的，更不要假设自己身上也发生了对方的事。

3. 做自己情绪的主人。

我们需要时刻具备“自己的情绪自己做主”的意识，不轻易被其他人的情绪带动和影响。优秀的心理咨询师在工作时，无论他的咨询对象如何发泄情绪，他都能做到冷静客观，用强大的观察力倾听和分析对方的一字一句，拨开情绪的表象，探究对方的真实心理。

我们或许做不到像心理咨询师那样拥有强大的意志，但是我们也要争取做自己情绪的主人。在这里不妨使用转移法，当我们感到无法负荷别人的情绪，或是不想继续听他叙述时，不妨试着转换一个话题，让两个人都从当前的事情中暂时走出来。或者停止沟通，去做其他的事情，如运动、绘画、听音乐等，都是不错的选择。

第四章

CHAPTER 04

加工语言，搭建顺畅沟通的桥梁

为什么会出现“听不懂”“说不清”的问题?

不知道在沟通时，你有没有遇到过这样的情况，自己已经把内心的东西都表达出来了，但是对方还是向我们表示他听不明白。明明两个人说的都是同样的语言，却一个认为另一个“听不懂”，另一个认为这一个“说不清”。

造成这种沟通困难的局面，多半是因为双方的语言没有进行“加工”。

有一天，一个秀才发现家中没有柴了，于是上街去买。他看见一个卖柴的人，于是说：“荷薪者过来！”卖柴的人没听懂秀才的话，但是明白了后两个字“过来”的意思，于是挑着柴走到了秀才面前。

秀才又问卖柴人：“其价如何？”卖柴人又是丈二和尚摸不着头脑，可是有点明白秀才说的“价”字可能是问价格，于是就将一担柴多少钱告诉了秀才。秀才又继续说：“外实而内虚，烟多而焰少，请损之。”秀才的意思是“你的木材表面看是干的，里面却是潮湿的，要是点燃的话，会烟多但是火焰小，所以价格便宜点吧”，可是卖柴人没读过什么书，听不懂秀才的话，干脆挑着柴走了。

秀才用文绉绉的语言说给卖柴人听，但是卖柴人因为没读过书，对秀才的话根本听不懂。这是一种典型的“他听不懂，你说不清”的问题。如果秀才能够认识到这一点，选择用平白的语言去表述自己想买柴，那么沟通障碍也就不存在了。

我们先来说一下，作为倾听者，如何解决“听不懂”的问题。

我们要结合说话者的意图、身份、文化背景等分析说话者的语言体系。例如，如果他是上海人，有可能会夹杂一些上海的俚语；如果他是从小在外国长大的人，可能引用的事例都符合外国文化；如果他是博士学历的人，可能介绍的知识较为艰涩。如果我们可以结合这些内容，就比较好理解对方了。但是如果这些知识超出我们掌握的范围，也一定要发挥“打破砂锅问到底”的精神，在听不明白的时候，向对方直言请再用另外的方式说一遍。这个时候，千万不能被不好意思的颜面问题阻碍。

还有一种情况是，对方的思维较为混乱，语言表述也相对混乱。这个时候，我们可以先对他表述的内容进行记录，不要着急回应和反馈，然后再将这些内容中的各个信息按照一定的逻辑进行组合，重新理解他的话。例如，以他讲述的目的为核心，将他讲述的内容作为论据进行有层次的补充，这样一来，就能去除他语言中很多无用的部分。

以上是我们作为倾听者，需要注意的几点。

当我们作为讲述者时，主动权更大，我们就要更加有意识地加工自己的语言，从对方的角度出发组织语言，切莫以自己能明白这个标准来衡量，而是要以对方能听懂来作为基准。除此之外，我们的语言也要精练，处处展现逻辑，如果把握不好，可以事先列好提纲，将要表述的内容按逻辑图排列，明确先后顺序，认清主次内容，这样一来，就能大大避免自己说不清的问题。

下面推荐一个较为常用的逻辑方法，首先阐述我们要表达的一个观点，“今天我来和你见面是想谈谈上周三发生的事”，让对方对你的意图一听即懂。其次描述自己的目的，“谈论这件事主要是为了我们两人以后能避免这个问题”，让对方对你沟通的重点留下深刻的印象。最后再逐一对事件进行描述，以及讲述自己的感受。清晰的表达会让沟通更加顺畅。

听众设计：你是否充分了解沟通对象？

听众设计是著名哲学家保罗·格莱斯最早提出的一个理论，他主张说话方式必须与倾听者一致，因此语言必须根据这项原则进行加工细化。比如，大学教授给小学生科普天文知识，就不能全篇讲晦涩难懂的理论，而是要考虑小学生的文化水平以及兴趣点，从小故事开始讲，渗透一些浅显的理论知识。

每个拜访过罗总并与之交谈的人，都被他的魅力所打动，有人曾经评价罗总："无论面对的是什么人，罗总都清楚应该同他谈什么。"

原来，每次罗总在接待访客的前一天，都会晚睡，花一些时间来研究第二天的沟通对象。他详细记录对方的资料，了解对方感兴趣的话题，如此第二天的交谈就会变得非常顺利，交谈的对方甚至会有"受宠若惊"的感觉，因为他充分感受到了罗总对自己的重视程度。

我们可能尚且做不到像罗总那样花大量精力和时间在研究别人上，但是至少我们要对沟通的对方有一个基本的认识和了解，有一个清晰的定位，然后再围绕这些去做属于他们的听众设计。下面就是两个典型的听众设计结果。

"这是一款专注于商用智能，投放于餐饮垂直领域，为商家搭建互联网经营场景，提供大数据挖掘和分析、信息运营支撑和服务的软件。"

"这款软件可以让你像淘宝购物一样进行点餐。非常简单方便！"

前者是从研发者自己的角度来讲给专业人士听的，运用了很多专业术语以及业内知识。而后者就是讲给普通用户听的，语言更加直白易懂，容易接受。显然，如果我们用前一种话语讲给普通用户听，那么相信很多人会在表示听不懂后，转身走开。

“这个女孩 10 年前从山里走出来，经过奋斗，终于在大城市打拼出属于自己的位置。”

“10 年前，这个女孩不顾家人的强烈反对，从山里坐车 5 个小时到县城，又从县城赶往 15 公里以外的大城市。为了在大城市扎下根，她一天工作 18 个小时，住在地下室里，忍受阴冷和潮湿。上天厚待全心付出的这个女孩，10 年后，她终于拥有了梦想的一切！”

如果我们迫于时间有限，只是想简单介绍一下女孩的情况，那么完全可以用前一种描述。但是如果我们想打动对方，就要在描述中多加入一些细节和情感成分，最终达到以情感人的目的，让倾听者沉浸在场景之中。

我们可以根据以下几个方面做好听众设计。

1. 性别。

男性更为理性，女性更为感性，因此男性常常对数字、符号等敏感一些，女性则表现出对具象的故事、情绪词语更感兴趣。因此，我们在做听众设计时，首先要区分男女，在沟通时分别选择适合双方的方法。

2. 学历。

我们开始讲的关于秀才与卖柴人的故事反映的就是学历不同，造成沟通受阻的典型情况。在开始沟通前，我们要充分了解对方的学历，学历不仅指小学、初中、高中和大学这种层级，还有对方的专业、平常涉猎的知识范畴等。

3. 年龄。

年龄也是不容忽视的一点，面对老年人和年轻人，就要用不同的沟通方式对待。老年人因身体原因，一般思想不如年轻人灵活多变，容易因循守旧，而且耳朵或眼睛有可能也不好使，这些都是我们要考虑的。

4. 地域。

生活地域的不同，也会造成人与人之间的不同，生活在南方还是北方、东部还是西部，生活习惯、地域风貌都截然不同。正所谓"一方水土养一方人"，我们不能在沟通时以单一的标准来判断不同地域的人，应择其喜好来优化语言。

信息组块：先弄清你要传递的信息是什么

在我们的沟通中可能会表达很多分散、碎片化的信息，信息组块则是指将这些信息按一定意义组成一个逻辑紧密的整体，反映一项核心内容。

有些朋友在沟通时常常遭遇到这个问题，就是随着沟通的深入，发现自己越说越偏，离自己期望表达的主题相去甚远，想努力拉回到核心点往往需要花费很多精力。或者是为了便于理解，不得不表达很多分散的信息，但是却不能被对方抓住核心要素，等等。造成这些现象的原因就是缺乏信息组块这个加工语言的环节。

凌云在大学的选修课是电影艺术。第一节课，老师留的作业是分析自己最喜欢的一类电影并阐释理由，下节课以小组为单位进行讨论。

很快到了下一周上课的时间，凌云自信满满地在小组内第一个发言。

"美国的皮克斯动画工作室在1995年推出了美国第一部全电脑制作的动画

片《玩具总动员》，它上映时非常轰动，动画效果堪称一绝。还有漫威的宇宙系列电影，也是我非常喜欢的……"

老师听完后，对其他组员问道："大家觉得凌云同学说得怎么样？"

一位同学主动举手："凌云同学向我们介绍了不少好电影，让我们了解了她喜欢的都是哪些电影，但是和本次主题有些偏离，我们要说的是喜欢的某一类电影，我没听出这些电影之间有什么联系。"

老师回应道："这位同学说的也代表了我的一点看法，凌云同学，下回还是把你定的主题简明扼要地说出来，方便听的人理解。"

"好的，老师。"凌云面对老师和同学的点评，一时有些难堪。

在其他人看来，凌云的表达有些混乱，这正是由于她没有做好信息组块这门功课。沟通不是信马由缰般肆意表达，而是要弄清自己的重点与核心，然后围绕重点与核心，层层递进，有深有浅地阐释。犹如蜘蛛结网，语言表达结构需彼此联系紧密，才能无懈可击。

在进行信息组块时，我们可以使用下面几个方法。

1. 借助结构图排列信息。

在开始沟通之前，我们可以将自己要表达的内容画成结构图，先在纸上写下要表达的核心，然后将与核心有最直接关联的几项信息排列在周围，以此类推。注意，核心信息周围最多排列两重，两重以外的信息对于核心的解释与说明功能较弱，不如"去其糟粕，取其精华"——留下对阐述核心信息帮助最大的那些，其他的全部舍弃。

2. 分段式点明主旨。

当我们要表达多个核心内容的时候，需要借助分段式点明主旨的方法。先将每个主题都列举出来，然后围绕每个主题，利用结构图方式来进行下一步的信息组块。

在表达时，我们也可以直接言明："我想说的第一点是……接下来第二点是……第三点是……"

3. 默念回忆法。

由于沟通是一种双向交流的过程，有时候我们会受到对方话语的影响，偏离自己表达的核心。这个时候可以试着使用默念回忆法。在轮到自己表达之前，先在心中重复一遍核心内容，如此一来，我们就能及时找回正轨，而且不断引导对方朝着自己的沟通目标前进。

偏好选择：从对方感兴趣的话题入手

当我们在沟通中听到自己感兴趣的话题时，我们的沟通意愿会增加，非常希望与对方就这个话题聊下去；而当我们遇到不感兴趣的话题时，则会有敷衍、应付的心理，甚至希望早早结束交谈。

同样的道理，对方和我们拥有一样的心理，因此，我们如果想进行一段良好的沟通，可以以一个别人感兴趣的话题作为开头。

小略从小就立下雄心壮志，要在科学研究方面有所成就，他希望得到父亲的支持和帮助。

他对父亲说："爸爸，我想问您一件事，是什么促成了您同妈妈的婚事？"

"我看上她了。"父亲平静地说。

小略又问："那您有没有娶过别的女人？"

"没有，孩子。家里人要我娶一位富有的女士，可我只钟情于你的母亲，她从前可是一位风姿绰约的姑娘。”

小略说：“您说得一点也没错，她现在依然风韵犹存，您不曾娶过别的女人，因为您爱的是她。您知道，我现在也面临着同样的处境。除科学外，我不可能选择别的职业，因为我喜爱的正是科学，别的工作对我而言既毫无用途也毫无吸引力！难道要我去追求财富、追求荣誉？科学是我唯一的需要，我对它的爱就像对一位美貌女子的倾慕。”

父亲说：“像倾慕女子那样？你怎么会这样说呢？”

小略说：“一点也没错，亲爱的爸爸，我已经18岁了。别的学生，哪怕是最穷的学生，都已想到自己的婚事，可是我从没想过那方面的事。我不曾与人相爱，我想今后也不会。别人都想寻求一位标致的姑娘作为终身伴侣，而我只愿与科学为伴。”

父亲始终没有说话，仔细地听着。

小略继续说：“亲爱的爸爸，您有才干，但没有力量，而我却能兼而有之。为什么您不能帮助我实现自己的愿望呢？我一定会成为一位杰出的学者，获得教授身份。我能够以此为生，而且比别人生活得更好。”

父亲为难地说：“可我没有钱供你上学。”

“爸爸，您听我说，很多穷学生都可以领取奖学金，这钱是国家给的。我为什么不能去领一份奖学金呢？”

父亲被说动了：“你说得有理，这是个好主意。”

小略抓住父亲的手，激动地说：“我求求您，我保证会努力成为一个伟大的科学家……”

就这样，小略最终说动了父亲，并通过努力实现了自己的理想。

小略没有选择开门见山地直接与父亲谈自己的理想，而是以父母的婚姻为开头，引起父亲的兴趣，然后自然过渡到自己追求理想的坚持上，最终打动了父亲。小略的方法就是偏好选择，如果他只是谈科学家的理想，可能就不能取得这么好的效果。

当我们希望说服对方，让对方认同自己的时候，可以选择使用偏好选择这种语言方式。在使用的时候需要注意以下两点。

1. 挖掘兴趣点。

对于身边相识已久的人，把握兴趣点不是一件多难的事情。但是对于接触不多，甚至第一次见面的陌生人，想找到他的兴趣点就变得不是那么容易了。

这里推荐使用观察法，如果对方是学者，可能会对自己的专业感兴趣；如果对方是青少年，可能会对明星动态感兴趣。从身份上来判断兴趣，是我们的第一个方法，还有另一个方法，就是通过他说的话来观察，如他主动谈到的电影、书籍，或是重复提及的人，都可能是他的兴趣点，可以试着从这些方面入手。

2. 自然过渡到其他的话题。

从对方的兴趣入手，仅仅是一个手段，是我们打开沟通局面的一个有力工具，我们最终的目的还是要将对方引到我们要沟通的主题上来。因此，两个话题之间的过渡要尽量显得自然，切不可生硬转场，让场面变得尴尬。

斯本内现象：语言表现，务求精准

1923 年，英国牛津大学教授兼学监威廉·斯本内偶尔会由于紧张或受到刺激而出现语言障碍，将话语中的两个词的首音对调互换，结果句子的意思完全错误，闹了很多笑话。有一次，他批评一位经常旷课的学生时说：“You have hissed all my mystery lectures, and were caught fighting a liar in the quad. Having tasted two worms, you will leave by the next town drain."（同学，你在我每节神话课上都发嘘声起哄，在方庭里和说谎者打架又被我撞见。你已经尝了两条虫子，赶紧从市政下水道离开吧。）其实，斯本内教授想要表达的是："You have missed all my history lectures, and were caught lighting a fire in the quad。Having wasted two terms, you will leave by the next down train."（同学，你一直缺席我的历史课，在方庭里放火又被我撞见。你已经浪费了两个学期，你赶紧乘下趟下行火车离开吧。）

据说还有一次，斯本内在布道时对几名矿工说："You noble tons of soil！"（你们这一大堆高尚的渣土。）这次他想表达的其实是："You noble sons of toil！"（你们是高尚的劳动者。）这种首音互换的语言现象就被称作斯本内现象。

斯本内现象不仅在英语环境里存在，在中文环境里也时有发生。例如，我们经常听到的一个小笑话，有人口误把卖火柴的小女孩，说成了卖女孩的小火柴，惹得周围人哄堂大笑。

每周一，李玉琪都要像其他同事一样，将上周的工作进行汇报，方便领导掌握每个人的工作进度。这一次的周报，李玉琪有些紧张，因为她上周把一个客户惹怒了，此刻她正紧张地向领导说着。

"领导，上周一我们根据计划推进了几个客户的谈判工作，其他的几个客户都比较顺利，只有上海南京路那家服饰公司的贾总在谈判时有一点棘手。"

"怎么个棘手法？"

"一言难尽，贾总又要求品质又要求价格。据我所知，他公司去年生产时装的工厂着火了，工人都辞掉了一多半，还有律师委托工人打官司！"

话刚说出口，李玉琪就意识到自己说错话了，应该是工人委托律师打官司。

这个低级错误让其他在场的人哄堂大笑，李玉琪当时非常尴尬。

李玉琪发生这个情况，多半是由汇报工作时的紧张所致。斯本内现象被语言学家进行了深入研究，包括它的起因、特点等。在这里我们不想通过理论的方式来说教，只想教会大家如何在日常沟通中避免出现包括斯本内现象在内的一系列低级口误。

1. 消除紧张情绪。

紧张是口误的一个主要原因，我们在面对陌生的场合和陌生的人时容易紧张。或者是这次沟通至关重要，也容易让我们感到紧张。紧张会导致我们的心跳加快、呼吸急促，思维甚至有些混乱。在这种情况下，人说话不像平常那样自然流畅，口误也在所难免。

为了消除这种紧张感，我们可以适当深呼吸，不要着急发言，而是在心里对自己进行鼓励，慢慢让情绪放松下来。如果没有准备好，可以暂停沟通。

2. 放缓语言节奏。

急性子的人也容易口误，大脑还没来得及运转到下一个节点时，口中已经率先把话说出来。如此一来，说错话也不足为奇。碰到这种情况比较容易解决，只需要把语言节奏适度放缓，也就是想好了再说，而不是说了再想，那么口误发生的概率就会大大降低。

3. 提前准备沟通文本。

第三个重要方法，就是为重要的沟通场合做充分的提前准备工作——将我们要表述的内容以文字形式记录下来，反复记背，以达到熟练的效果。此外，还要将对方可能提出的问题，说的内容也大致进行预测，将自己的回复也写下来。正所谓“台下十年功，台上一分钟”，在沟通语言的修炼上，也是学无止境的。

简单原则：越简单的信息越有效果

时下正在流行一种“断舍离”的生活法，即把身边不需要的生活品舍弃掉，切掉眷恋，过简单清爽的生活。

有的时候，沟通语言也要断舍离，在我们表达时，可能只有一小部分信息是与沟通目标密切相关的，其余信息都可以归为多余信息，后者对沟通并没有实际帮助，反而会消耗大量时间和精力，且可能造成对方的误判。

其实，越简单的信息越有效。简化的语言一针见血，可以起到四两拨千斤的效果。

钟晓茜最近换了工作，听新同事说，主管经理是一位雷厉风行的女人，大家都叫她Lily姐。钟晓茜十分担心自己跟不上新上司的节奏，于是将自己的小担忧告诉新同事。新同事开心地跟她说道：“完全不用担心啦！Lily姐很严厉，但是你跟她接触一段时间就会了解，让她做上司是再好不过的一件事了。”

钟晓茜将信将疑地投入了工作。

一天，Lily姐把钟晓茜叫进自己的办公室。

“晓茜，我让你这几天熟悉公司的客户，你熟悉得怎么样了？”

“没问题，Lily姐，我已经基本都掌握了！”

“很好，今天传奇公司的蒋总要到咱们市里来，你负责接待，蒋总的航班信息问杨思思，接待规格问财务，最重要的一点是，明天上午9点，你负责把蒋总接到我们三层的会议室，必须你亲自去。会议结束后，再送回酒店，陪同蒋总及夫人下午参观我们的园区。这两天的工作就这些，其他的工作暂停。

听明白了吗？”

“明白了！ Lily 姐！”

“相信你可以做好！去忙吧！”

钟晓茜欢快地走出办公室，对于接下来的工作她已经全都明晰了，她突然意识到同事说得很对，Lily 姐真的“很好相处”。

在钟晓茜的眼里，Lily 姐好相处的集中体现就是她好沟通，一番简单扼要的话让钟晓茜轻松掌握她接下来的工作内容，沟通体验倍感轻松。

下面是我们在简化语言信息时，要掌握的几个原则。

1. 根据时间精简内容。

有些人之所以在沟通中长篇累牍，语言重复，是因为他们没有考虑时间这个关键因素。现代人工作和生活节奏快，需要越短时间办越多的事，沟通也是一样，当我们将一堆无用的语言信息塞到沟通这件事里时，原本设定的沟通时间无形中被增加了，造成了他人沟通时间成本的增加。

沟通是必须要考虑时间要求的。我们可以在沟通前，大概预计两个人能给沟通留出多少时间，如果只有五分钟，那么我们就要精选这五分钟的内容。

如果时间上不好把控，我们就按最短的时间来把控，然后在沟通中不断观察对方，考虑是否有增加时间的必要。

2. 给信息“修剪枝节”。

在信息爆炸的时代，每个人对信息都有一定的选择障碍甚至恐惧——在看到大量信息时不知道该如何挑选。因此，我们作为沟通中信息的“发布者”，首先要把好关，对自己的信息进行“修剪”。

了解语言结构的朋友都清楚，一句话分主语、谓语和宾语，其后才是状语、定语、补语，还有感叹词等。我们在说话时可以依从下面的顺序：先说主旨重点句，将主语、谓语、宾语涵盖，其他类型的词可以不说，然后再说次重要的句子，以此类推。

3. 再简化也不能省略重点内容。

我们在沟通中传递信息需要简化再简化，但是这不代表把重点内容都舍弃掉。例如，我们要告诉对方明天晚上 7 点穿着新球鞋在操场见面，那么其他的都可以不说，但时间（晚上 7 点）、地点（操场）、要求（穿新球鞋）几个重要语素必须要说，否则这个沟通就是无效的。我们不能为了追求简单，而把重点信息抛之脑后。

复述强化：不断重复，以加深对方的印象

我们都看过电视广告，一个时间段重复出现 10 次的广告与仅出现 1 次的广告相比，我们肯定对前者的印象更深。除了在形式上重复，在内容上重复的广告也令人印象深刻，这是由于不断重复加深了我们的记忆。

周岩的兼职工作是线上辅导老师，教授 6 岁到 12 岁的孩子基础绘画。在所有辅导老师里面，周岩不是学历最高的，也不是教学经验最丰富的。但是每个月的满意度测评里，他都是那个受好评最多的老师。

很多学生与家长都在给他的评语里写道：

“听周老师的课很快能学到要领。”

“周老师让我找到了画画的诀窍。”

“每当我画画走神时，周老师又把我的心思拉回来。”

大家之所以对周老师有这么高的评价，源于周老师有一个在绘画时沟通的

诀窍。他在一次经验交流会上将这个诀窍分享给了其他老师。

在给学生授课之前，先将重点圈画出来，然后找到授课过程中的几个关键节点，分别进行重述，在进行学生答疑时，还要将重点再讲一遍给学生。

大家听到周老师说得这么轻松简单，都感到难以置信。

周岩笑笑说："方法虽然简单，但是不妨一试，这种方法对于那种搞不清楚画画重点的学生尤其管用。"

果然，几位老师尝试用过之后，学生领悟力明显上升，大家纷纷夸周老师"小方法，大妙用"。

周岩的方法虽简单却奏效，究其原因，是他把握了沟通的一个重点，就是把握沟通对象的特点，然后再围绕这一点，进行语言的巧妙加工——仅仅是在关键节点重复几句话，就能让对方的记忆中牢牢建立稳固的形象。

下面我们将最为常用的三种复述强化方法介绍给大家，帮助大家掌握如何在沟通中轻松运用。

1. 叠加复述。

第一种是叠加重复，它有一点类似于我们熟知的"重要的事情说三遍"，就是将一句我们认为是重点的内容进行连续重复，次数要求两遍至三遍即可。说太多遍会让他人觉得啰唆。

这种方法一般有一个直白的引导：

"我现在想对你讲的是一个很重要的部分。"

"这部分最关键，我重复几遍要记牢。"

类似于这样的引导会让对方一下子提起注意力，提高重视程度，然后我们的复述效果会更好。

2. 穿插式重复。

我们都知道群消息刷屏的道理，当微信群里其他人的信息迅速将上一条重要信息覆盖刷屏，我们需要费劲往上翻才有可能找到，如果这个时候群里再出现一次重要信息，我们也就省去查找的工夫了。

穿插式重复的道理和群消息刷屏的道理相同，当沟通程序比较烦琐，耗时漫长时，穿插式重复能凸显更大的作用。在对方“遗忘”之前，进行内容复述，唤起他刚才的回忆，也是让他明白此为重点所在。

3. 提炼重点式复述。

顾名思义，提炼重点式复述是将一整段话或沟通过程中的重点提炼出来，一般用在沟通即将结束的时候。如下面这段话：

“今天的交谈很愉快，在即将分别的时候，我还是想再对你说……”

“刚才大家已经了解接下来的工作了，我再将几个重要的点说一遍作为结束。”

提炼重点式复述的主要作用，是将原本可能结构松散的沟通，用一个重点复述的环节，重新串联起来，提高对方的沟通体验。

用“升华法”对抗“非此即彼”的不合理提问

不知你有没有在沟通中遇到过这样一类难以回答的提问：“我和你妈同时掉河里，你先去救谁？”

这道考验男朋友的终极考题，是女人的“撒手锏”，也是男人的断魂崖。无论回答哪一个答案都不合适，回答者顿时陷入两难。可是不回答又无法过关。

我们管这种问题叫“非此即彼”的提问，它在题目本身限制了狭隘的、对立的选择，题目本身就具有很大的争议和不合理性。但是我们不是出题人，不能改变题目，也不能直接去质疑对方。

向大家介绍一个可以有效对抗“非此即彼”问题的方法——“升华法”。

我们用“升华法”试着回答一下开始的那个终极考题。“如果我救了母亲，那是生我养我二十几年的人，但却救不了你，我当时一定会伤心绝望到跳河和你一起告别这个世界，留下家人为我们痛苦难过。如果我选择救你，目睹爱我的母亲离开，那么我们要将后半生都奉献给孤独的父亲，安抚他残破的人生。这两种悲惨的境遇你希望选哪种呢？”

这种描绘场景式的描述，会让提问的人立刻认识到自己问题的不合理，而且预想的两种结局也会让她觉得问题很幼稚，她无法回答你的问题，正如你无法直面她的问题。

一个年轻人在工作上很不顺心，他认为自己的才能不比别人差，可是领导却提拔了身边的人，一点也没有考虑自己的意思。他对此百思不得其解，于是，在朋友的指点下，他来到普济寺，向释圆大师求助。他灰心地说道：“人生真是没意思，大师，你说到底是我能力太差，还是别人都在刁难我啊！”

大师安静地听年轻人讲完，然后让小和尚拿一壶温水来，只见大师将水倒进放了茶叶的杯子，示意让年轻人尝一尝。

看到这样的茶水，年轻人愣住了，因为茶叶完全没有沏开，一根根漂在水面上，杯子里只冒出了一点热气。年轻人没有喝，忍不住问：“请问，为何用温水沏茶呢？”

大师笑了笑，没有说话，依然坚持示意年轻人尝尝。

年轻人这才勉强端起茶杯喝了一口，说："没有一点茶的香气。"

这个时候，大师又让小和尚去提一壶滚烫的开水过来。大师重新拿起一只装了茶叶的杯子，这一次是将开水倒进去，但是没有倒满，顿时茶香飘满整间屋子。

"请施主再品尝一下这杯茶。"大师微笑着说。

年轻人小心端起茶杯，只见这回的茶叶上下翻滚，香气扑鼻，刚要喝的时候，大师却挡住了，又拿开水往茶杯里倒了一些水，香气比刚才更加浓郁。如此反复续水四五次，水已经将杯子盛满，此时香味最为浓郁，年轻人尝了一口，顿感沁人心脾。

"施主，茶叶都是一样的，为什么两杯茶截然不同？"大师问道。

"用的水温度不同，前一次是温水，后一次是开水。"

大师继续说："因为水不同，茶叶冲泡的程度也就不同。当我们用温水沏茶时，茶叶还静静地沉在水底，怎么会散发出香味呢？但是当沸水与茶叶接触时，茶叶好似瞬间被激活了，沉浮中散发出由近及远的清香。你现在的能力还不够，就像温水一样，如果你能潜下心来，苦练内功，那么终有一天能品尝到属于你的那杯清茶，闻到属于你的茶香。"

大师很高明，他没有直接回答年轻人，到底是他能力差，还是其他人不善待他。因为直接回答能力差，年轻人本来破碎的自尊心会更加无地自容，甚至破罐子破摔。如果回答是周围环境的问题，又会让年轻人产生逃避责任的心理，不敢面对残酷的现实。无论大师选择回答哪一个问题，沟通都会走进"死胡同"。大师的做法很聪明，他先不做两难的选择，而是打造一个具体的场景，剖析茶叶的道理，然后将做人的道理娓娓道来，让年轻人更容易接受，感悟也会更深刻。

当我们面对非此即彼的刁钻提问时，也可以像大师一样，跳出题目本身，将沟通内容进行升华，引导对方暂时忘却问题，从更高的境界去感知。让对方发现自己提出的问题有多愚蠢，根本不需要我们直接挑明。不仅能将问题轻松化解，沟通也能再上一个层次。

把握好语言“甜咸比”，提升沟通成功率

烹饪高手在调味时会注意一个重要因素，那就是“甜咸比”。也就是说，在调和食物的口味时，要做到甜咸适宜，食物才会更加美味可口。

可你知道吗？在进行语言沟通的时候，我们同样需要掌握“甜咸比”。“甜”指的是语言亲切、动听，能够满足对方渴望获得尊重、赞美的心理需求；“咸”指的是通过言语向对方施加一定的心理压力，使对方能够引起重视，或是愿意做出一定的妥协。

把握好语言的“甜咸比”，说出的话就会分寸得当、软硬合宜，而且能够表明自己的立场和底线，同时又不会让对方有太多的抵触心理，因而更容易达到沟通的理想效果。

一位年轻女士走进了一家时装店，她一眼就看中了一件样式时髦的外套。店主热情地招呼着女士，还邀请她试穿一番。

女士穿上了外套，对镜欣赏起来，觉得非常满意。可当她开口询问价格时，店主报出的数字却超出了她的预算。

女士舍不得放弃这件外套，便和店主讨价还价起来。可店主看出了女士的心思，一直不肯让步。

女士有些不高兴了，气呼呼地对店主说："没见过像你这样做生意的，我再问你一遍，能不能便宜100元？"

店主依然没有让步，女士只好转身离去，心中却觉得非常遗憾……

在生活中，我们常常会看到这样的情景：人们在沟通中没有把握好语言的"甜咸比"，总是为了达到自己的目的，就肆意向对方施加心理压力，使对方有一种被威胁、被胁迫的感觉，由此造成一种"剑拔弩张"的沟通氛围，常常会让沟通走向僵局。

对此，美国著名谈判大师斯图尔特·戴蒙德指出：在相同的条件下，如果你威胁对方的话，达成协议的成功率只有不威胁的一半而已。这也提醒了我们，在加工沟通语言的时候，一定要注意控制"甜咸比"中"咸"的比重，才能避免让言语"施压"变成言语"威胁"。

所以故事中的女士可以重新加工自己的语言——加入一些"甜"的成分，让话语听上去更加入情入心。比如，她可以这样对店主说："您家的服装款式新颖，质量上乘，我确实很想购买。不过我看到其他店铺也有相似的款式，而且价格更为优惠，所以我比较犹豫。如果您愿意在价格上做些让步，下次我还会来您家购买，您觉得怎么样？"

分析这段话，我们就会发现它的"甜咸比"是比较合适的，而且其中包含了三重技巧。

1. 使用"赞美策略"，起到攻破心防的作用。

在对话伊始，我们可以像这位女士一样，使用恰当的赞美话语，以便调和沟通中的对立氛围，拉近双方之间的心理距离，赢得对方的好感。

心理学家指出，人们都喜欢听"好话"，也就是一些表达赞美之意的话语，而这些"好话"能够成为人际关系的润滑剂，可以帮助我们攻破对方的心防，让他们减轻过强的戒备心理。

因此，在话语中加入“好话”是非常必要的。不过在讲“好话”时也需要注意策略：首先，我们必须从事实出发去说赞美的话，这样才不会显得虚伪，而对方也容易产生愉悦的心情。其次，说“好话”时态度要真诚、热情，才能让对方的心灵受到触动。最后，说“好话”也要注意尺度，若是没完没了地在话语中加“糖”，使得“甜咸比”失去平衡，也会让对方感觉厌烦。有时对方还可能生出戒备心理，会开始思考我们的目的何在，而这往往会让沟通走向我们并不期待的结局。

2. 适当施加心理压力，暗示负面因素的存在。

心理学家还告诉我们，在沟通中为了让对方适当妥协，从而达到我们的目的，不妨在话语中暗示“负面因素”的存在，这可以让对方感受到一定的心理压力，但又不至于产生恼怒情绪。

比如，在砍价时暗示对方“其他店铺也有类似款式，且价钱略便宜”，这就是在给对方施加心理压力。如果对方能够认可这种因素，他的态度就会逐渐软化，沟通也就能够顺利地进行下去。

当然，这种巧妙的心理施压可不等于“说狠话”。为了让对方更容易接受，我们应当把话说得委婉一些，而且要在使用“赞美策略”之后，马上用转折连词“可是”“但是”“然而”等来连缀“负面因素”，使对方的思路受到我们的引导，也更容易接受我们提出的观点。

3. 以疑问作为结束，将选择权交回对方。

在话语的末尾，我们可以抛出这样的问题：“你觉得怎么样？”“你怎么看？”这样的问句被称为“选择权句式”，是一种相当实用的沟通话术，效果远远好于说教式或强迫式的话语。

我们不妨来对比一下这样两句话语：

a.“您真有眼光，选中了我们的热销品，很多客户都对这款产品非常青睐，很快就会供不应求的。您抓紧时间下单吧……”

b.“您真有眼光，选中了我们的热销品，很多客户都对这款产品非常青睐，很快就会供不应求的。您看需不需要现在下单呢？”

这两句话语都注意到了“甜咸比”的问题，但结尾有很大的不同。话语 a 因为没有给客户足够的“选择权”，听上去非常生硬，也会让客户有一种“我没有受到尊重”的感觉，客户甚至会觉得受到了愚弄，并有可能产生愤怒情绪，而这必然会造成订单损失。

相反，若是像话语 b 这样把最后的选择权交回给客户，会让对方有一种“这件事终究还是由我说了算”的感觉。在一般情况下，他不会选择直接而无礼的拒绝，即便要给出否定的答案，也会选用比较委婉的方式，而且他的心中会有些许歉疚感，这就能为下次沟通奠定良好的基础。之后只要把握好机会，再使用恰当的技巧，便可在下一次沟通中成功实现自己的目的了。

学会“减砝码”的话术，化解对方的疑虑

有些人可能会对“减砝码”话术这个词语有点陌生，其实不难理解。

老板将梓木叫到办公室，对他说：“你知道吧，A 公司的杨总后天到北京，你准备一下，和我一起去陪客户。”

梓木半信半疑地问：“您是说我吗？以前见客户您不是都带着秘书小李吗？”

“是的，小李这次也去，你也一起去！这个客户太重要了，你必须去见，不

见是你的损失！”

老板不容置疑的语气让梓木不得不相信，但同时他心里又开始打鼓，担心自己陪伴老板去参加这么重要的饭局，会因为表现欠佳，让老板脸上无光……梓木浮想联翩就是不敢答应老板的要求。

见梓木迟迟不答应，老板也感到非常奇怪，为什么器重一个人，主动带他见客户，对方却退缩了。

这是因为老板话语中的“砝码”太重了——强迫的词汇、不容置疑的语气，让沟通变得沉重。梓木感到心理压力很大，无法掌握如何回答才得体以及符合老板的预期。

如果老板能够使用“减砝码”话术，梓木可能就会欣然赴约了。比如，老板可以说：“今晚我要去见一个客户，他是公司建立初期就合作的客户，一直关系不错，也喜欢结交新朋友。你看你今天下班后还有没有工作，要是没有什么安排，可以考虑一起来，听听人家是怎么做生意的。”

一番看似轻描淡写的话，其实是在做“减砝码”，让下属听起来没有那么大的负担，既可以轻松地陪老板一起参加饭局，也能从中学习，是一件两全其美的事情。这是聪明老板的做法，不利用沟通强压于人，同样也达到了自己的目的。

我们在沟通中，也要时刻警觉，有没有在话语中给对方压力，让对方产生疑惑。如果你有这种倾向，那么就要适当加工语言，改变一下说话方式，用“减砝码”话术来表达同样的语意，让对方更加愿意和我们站在同一阵线。

人没有压力无法进步，但是压力太大又会心理防线崩溃。因此，把控压力很重要。沟通也是一样的道理，我们说的每句话都有轻有重，在对方心里留下或深或浅的痕迹。这些语句的轻重感是可以把握的，那就是通过构词遣句，改头换面，起到一种举重若轻的效果。下面两个小技巧可以运用。

1. 强势语气变试探语气。

直接的命令，强硬的风格都带给人很大的情绪压力，不如换成试探的语气，将“必须”“一定”“马上”等一些强制性词汇尽量隐去，变成“可以吗？”“行不行？”“觉得怎么样？”这种协商风格，别人更愿意接受。

2. 权威关系变平等关系。

双方关系不对等时，容易出现一方强硬压制另一方，以权威要求对方同意的局面。例如，家长经常命令孩子做这个、做那个，但是很多孩子表面上唯唯诺诺同意了，但是内心惶恐，不知道对错究竟如何，甚至有的孩子会出现逆反行为。家长如果将孩子看作平等关系去对话，氛围会更轻松愉快。

试一试“接受协商法”，平衡对方的情感

“接受协商法”是一种委婉的话术，通常用来在沟通中拒绝他人。运用“接受协商法”，可以充分照顾对方被拒绝的颜面，也可以尽量减少两个人沟通中的摩擦，让友好的关系继续下去。

我们都感受过直接拒绝别人的坏处。在我们左思右想终于鼓起勇气拒绝别人时，却被人当作“恶人”“不讲感情的人”。对方经常会抛出这样的话：“我今天才算看透你！”“连这么一点小忙都不肯帮，真是不够意思。”“上次都愿意帮忙，这次怎么就不愿意了。”诸如此类，好像我们反而变成那个做错事的人。

其实有一些人是因为自私，不肯理解我们拒绝的苦衷和难处，只想到自己的需求。但是还有一些人是因为被直面的拒绝伤了颜面，或者是因为原来的心理预期意外落空，一时情绪无法发泄才说出不讲理的话。其实表达拒绝是一种沟通艺术，同时包含智慧和勇气，高水平的拒绝既照顾了对方情感，也达成了拒绝的目

的。在这里，我们要介绍一种不错的拒绝表达方式，那就是“接受协商法”。

一天，曹军的朋友来家里做客，聊着聊着，朋友突然说道：“兄弟，最近我新交了一个女朋友，想要带她去邻近的几个城市兜兜风。你也知道，我的车坏了，这一个月都在修理厂，你看能把你的车借我开几天吗？回来之后，兄弟我请你吃饭！”

曹军心里明白，这位朋友的车之所以坏了，是因为他追尾别人的车出了事故。而自己的车才刚买了一个月，心里实在不放心。刚要开口拒绝时，曹军又想到朋友非常好面子，如果直接拒绝他，两个人可能因此绝交。

于是曹军先假装不经意地问：“兄弟，你们准备去几天啊？”

“也就七八天吧，不长。”

“那你新交的女朋友知道你找我借车吗？”

“当然不能让她知道，我跟她说这是我另外一辆车。”

“凭咱俩的关系，我真的非常想借你，要不是我这段时间工作忙，我都想请几天假跟你们出去玩了，就怕你觉得我碍事。不过，我上回见过你那个新女朋友，那真是绝顶聪明的一个人，吃饭时一眼就看出我的手表是高仿的。我恐怕你瞒不过她。女人最讨厌别人欺骗她了，到时候被她识破车不是你的，再跟你闹别扭多不值得！”

“你说得有点道理。”

“我给你出一个主意，你从租车行租一辆她喜欢的，就说是特意为她选的，为了旅行租过来开，不仅解决了用车的需要，还显示对她格外重视！”

“你这个主意太好了，我就按你说的做。”

曹军没有说一个拒绝的词语，却一样起到了拒绝的效果。曹军用的就是“接受协商法”，他在开始的时候充分表明自己接受和同意朋友的想法，然后从对方的角度去思考这件事的利弊，让对方认为自己是在全心全意为他考虑，最后提出一个替换的方案，实现沟通的目的。

在运用接受协商法时，我们需要注意以下几点。

1. 方式柔软，态度坚定。

接受协商法不是双方在沟通中进行拉锯战，互相进行说服，而是我们首先要坚定拒绝的信念，不能因为对方三言两语就产生动摇。然后再围绕这个坚定的信念，采取以柔克刚的方法来进行拒绝。

2. 统一阵线。

接受协商法的一个核心就是，让本来可能因为拒绝这件事的对立双方变成统一阵线。就像故事中一样，曹军处处为对方考虑，让对方觉得我们拒绝他是为他好，从而更容易接受我们的拒绝。

3. 接受坏结果。

接受协商法也有不奏效的时候，这是我们必须想到的结果。有些人非常顽固不听劝，或是固执地想要达到自己的目的。如果我们无论用何种方式来拒绝，别人依然会生气或反击，那么我们就要接受这种现实，做好相应的心理准备。

第五章

CHAPTER 05

非语言沟通，传达字词之外的信息

非语言沟通：比说话还有用的沟通方式

非语言沟通是指使用除语言符号外的各种符号系统，包括形体语言、副语言、空间利用以及沟通环境等进行沟通。在沟通中，信息的内容部分往往通过语言来表达，而非语言则作为提供解释的框架，来表达信息的相关部分。

传播学专家提出："一个手势，一种面部表情、声调类型、响亮程度，一个强调预期、一次接吻、把手搭在肩上、理发或不理发、八角星的停车标志牌……"都可以是"非语言符号"，因为这一切都携带着信息。

非语言往往给我们传递很多信息，如下面的例子。

庆云听说朋友小北在一家医药公司工作，正好最近自己也在目前的公司做不下去了，想问问小北，他们公司有没有合适的职位，帮着推荐一下。

庆云带着买好的礼品来到小北家门口，敲了敲门。

小北满脸惊讶地开了门说道："今天怎么有空来了，平时忙得聚会都见不到你。真是好久不见了！"虽然嘴上在寒暄，但是小北的手始终没有从门上拿开过，他站在门口，没有侧身让庆云进来的意思。

可是庆云根本没有注意到这一点，大大咧咧地拍了拍小北的肩膀，高兴地说："我这不是来看你了吗！"然后走进家门，自然地坐在了小北家的沙发上。

小北没有办法也跟着坐了下来。

庆云开始跟小北聊最近的情况。

“听说你们公司待遇不错？”

“你是听谁说的？”

“同学们都这么说，你现在混得这么好，可别忘了哥们儿！”

“怎么会呢，有什么好事我都是第一时间想起兄弟们。”

小北一边跟庆云聊，一边频繁地看着墙上的挂钟，显得心不在焉。

“我们公司最近发展得不怎么样，你们公司具体都是做些什么啊？”

“这个，庆云，我都忘了，我二姨下午6点的火车到北京，我得赶紧去车站接她，咱改天再聊，改天我约你，今天真是不好意思了！”

“那也没办法，我先走了。”事情没办成的庆云只好落寞地离开。

其实小北已经从他的各种非语言沟通中体现了他对这次对话的抗拒。比如，他的身体动作表示他不欢迎庆云的到来，他频繁看时间的举动表示他希望对话早点结束，他心不在焉的表情表示他不重视这次见面，等等。但是由于庆云对此毫无察觉，没有读懂小北的真实意图。

读懂他人的非语言表达仅仅是我们开启沟通这门课程的初级阶段，在生活中灵活利用各种非语言表达，才是更高一个层次的要求。在此，我们首先需要了解非语言沟通具备哪些特点。

1. 与语言符号相配合。

我们经常将非语言沟通符号与语言沟通符合相配合使用，以着重强调语言符号的意义。如果一个人对我们讲他生气了，我们可以清晰地获知他的情绪。但是，如果这个人再加上愤怒的表情、夸张的动作，我们就能感知到他的生气程度比前者更高，这就是非语言符号叠加和加重的效果，反之则减弱。

2. 补充语言符号。

非语言符号另外一个重要的作用是补充语言符号的意义。有些人在沟通时会刻意隐藏自己的真实想法和内心世界，而我们可以通过非语言符号来捕捉到这些被隐藏的内容。例如，一个人在沟通时频频开怀大笑，虽然他不会主动说“我非常高兴”，但是我们依然能体察到他对这次沟通是满意的。

从头到脚的审视，读懂对方的“身体语言”

我们除努力理解对方的语言信息外，也要注意观察对方的“身体语言”，这些身体语言同样能表达对方的内心。而且一般语言是经过头脑加工的，带有一定的隐蔽性和欺骗性，但是身体语言一般都能真实反映内心世界。

一个人要将信息完整地传达给外界，语言部分只占到7%，声音语调约占38%，剩下的55%则是个体的肢体动作，包括脸部表情，眼神、手脚的动作，个体空间，肢体接触，等等。

著名心理学家弗洛伊德介绍过一个小故事，他和一位患者进行沟通，当谈到情感状况时，这位患者声情并茂地向弗洛伊德介绍自己的婚姻有多么幸福，可是弗洛伊德却看到，这位患者一边讲述一边下意识地将自己手指上的订婚戒指在手上转来转去。这个身体语言让弗洛伊德察觉到事情不像这位患者说的那么简单，于是他进一步深入询问，此时患者才将自己婚姻生活里的压抑与难过真实地表达出来。可见身体语言也是人心理的一扇窗，帮助我们窥知内心真实的世界。

有一天，齐桓公与宰相管仲秘密谋划，想要发兵莒国。没想到行动开始前，这个计划已经尽人皆知。莒国也得到消息，并充分做好了应战准备。

齐桓公百思不得其解，于是找来了管仲，将自己的疑问说给管仲。管仲回答："此事确实奇怪，可能我们身边有高人。"听到这里，齐桓公突然想起那天密谋的时候，有个服劳役的人数次抬头看自己。于是齐桓公让管仲悄悄寻找这个人，管仲不动声色地命令所有服劳役的人出来，果然找到了当时的那个人。

此人名叫东郭牙，管仲请东郭牙来到了齐桓公面前，当着齐桓公的面客气地问他："你是不是就是那个泄露讨伐机密的人？"

东郭牙凛然回答："是的，就是我！"

管仲接着问："那天我们并没有公开说要讨伐的事，你又是如何知道内情的？"

东郭牙先生回答："我听说，君子善于谋划，小人善于猜测。我是猜的。"

"究竟是如何猜的？"管仲继续发问。

东郭牙一五一十地说道："我以前听说，君子有三种面部表情：欢欣开怀，是参加宴会的表情；愀然凝重，是流露哀伤的表情；怒发冲冠、手脚僵硬，是讨伐别国的表情。那天我远远望见您在高台上，一副怒气冲天、手脚僵硬的样子，一看便知是要讨伐别国的表情。您张大了嘴，而不是闭紧嘴唇，说的就是'莒'字。您将手臂举起，指的又是莒国的方向。我就由此猜测，诸侯国中只有莒国对齐国不服。因此，我就告诉其他人，你们是要讨伐莒国。"

《吕氏春秋》中的故事向我们表明了读懂他人身体语言的重要性。东郭牙先生就是我们需要学习的、读取身体语言的高手。我们需要在沟通中，做个有心人，不仅要用耳朵听，还要用眼睛看，也就是观察对方的身体语言，尽可能地通过身体语言来推断对方的真实意图。

下面几种生活中常见的身体语言，我们可以先简单学习一下。

1. 倾听时托腮。

当我们说着说着，看到对方托腮，有可能是对方对我们说的话题感到无趣和浪费时间。如果此时他还伴随着打哈欠，目光无神，或是眼神飘向远方，则更加证明了这一点。此时我们就需要及时调整，或是询问对方了。

2. 眼睛所看的方向。

一个人在表达时眼睛看向哪里，也能泄露他的内心。如果他的眼睛向斜上方看，多半是在回想某一个场景；眼睛向右下方注视，则有可能是在回想当时的某种情绪。眼睛平行向一侧看，则有可能是回想起一些人说过的话。

3. 两手的位置。

两手背在身后握住代表他心中的那一份自信和冷静；两手慌乱，摸自己的手腕或袖口，则代表了紧张局促的心理。

丰富的表情，传递大量的心理活动信息

著名思想家叔本华说过：“人的面孔要比人的嘴巴说出来的东西更多、更有趣，因为嘴巴说出的只是人的思想，而面孔说出的是思想的本质。”

郑宇想向老板申请休年假，他客气地敲开老板的门问道：“您忙吗？有件事想和您说。”

“你说吧。”

“是这样的，领导，我今年的年假还没有休，打算这个夏天带父母去海南玩几天，希望您能批准！”

“嗯……”老板陷入几秒钟的迟疑，皱了皱眉，然后说道，“没问题！这段

时间你辛苦了，孝敬父母也是应该的，去向人事部递交申请吧，然后我签字！”老板无奈地笑了笑。

郑宇看到老板矛盾的表情，似乎明白了什么。他没有立刻向人事部递申请，而是向同事打听了一下，原来公司新接了一项业务，而自己这个时候请假，无疑是在关键时刻掉队。于是郑宇跟老板说自己想把休假时间往后调，老板果然喜笑颜开，还把自己的担忧主动向郑宇说起。

仅仅通过老板的话语，郑宇是无法读出老板真实的心理的，甚至有可能还会将老板的话解读为支持他休假。但是当郑宇仔细观察了老板的表情，就能察觉到老板的真心意思是不希望他休息。

美国知名心理学家保罗·艾克曼长期研究有关情绪方面的课题，他花了很多时间研究人的脸部肌肉群运动及其对表情的控制作用，不同的情绪会呈现出不同的表情，因为情绪牵动的肌肉群不同，他一共总结了 43 种动作单元。以下是常见的几种。

情绪	面部模式
兴趣	眼睛追踪看着，倾听
愉快	笑，嘴唇朝外、朝上扩展、眼角出现皱纹
惊奇	眉眼朝上，眨眼
悲痛	哭、眉眼拱起，嘴朝下，有泪，有韵律地啜泣
恐惧	眼神发愣，脸色苍白，出汗发抖，毛发竖立
羞愧	眼神朝下，头低垂
轻蔑	冷笑，嘴唇朝上
愤怒	皱眉，眼睛变狭窄，紧咬牙关，面部发红

艾克曼的总结和研究帮助我们快速获知表情的秘密。另外，在阅读他人表情时要注意以下几点。

1. 表情与语言配合着解读。

表情一般是与语言相配合的，只有在对方想要伪装时，表情与语言才有可能出现矛盾。当我们看到这种矛盾出现时，就要开始沉下心来冷静判断。切记不能单凭语言，或单凭表情来推断一件事，必须两者结合着看。

2. 随时调整自己的言行。

当我们看到对方的表情发生变化时，一定要适时调整自己的沟通策略。有些人即使看到了对方的表情，依然我行我素，维持原来的沟通计划，那么我们读取对方表情这件事就变得毫无意义了。

3. 不要随意联想。

当对方做出我们琢磨不透的表情时，切忌生硬地去理解和联想，否则很有可能解读错误。此时最好委婉地进行询问，及时了解对方的情感。

最近还流行一种微表情的阅读，针对的正是有些人会伪装自己表情的情况，如果我们能在微表情上也稍微学习一下，沟通起来会更厉害。

优美的身姿，反映思想意境和情感世界

如果我们想在沟通中所向披靡，一定不能忽略身姿这个问题。一些朋友在沟通时很好地注意了形象、表情等非语言方面的细节，唯独没有想到身姿，以致功亏一篑，这样的沟通失败案例，古往今来不是没有。

博然作为公司新产品的研发工程师，要同公司老板一起到上海去洽谈合作。

为此，博然去商场购买了全新的西装、衬衣和皮鞋，不仅如此，还去理了新发型。同事看到博然都感觉耳目一新。

博然对这次洽谈也信心满满，因为他们的产品目前处于业界领先的位置。

很快到了洽谈的日子，博然与老板下了飞机后，被对方公司接到早就准备好的会议室。会议室内整洁如新，会议桌牌、电子设备、茶歇等一应俱全，看得出来，对方公司也是格外重视本次合作。

洽谈结束后，对方公司却表示要再考虑考虑。这个结果让博然感到很意外，因为谈判过程中的一切议题都很顺利。

后来，博然向对方公司的秘书打听，才得知问题出在自己身上。原来当时博然歪七扭八地瘫坐在椅子上，走路也驼背缩肩，很不雅观。恰好对方公司负责谈判的经理非常注意细节，他认为博然的这些不雅的姿势是不值得信任的表现，最起码表明不重视合作。

沟通时，博然在身姿上失分，也让公司蒙受了损失。细节不起眼，却在关键时刻起到了重要的作用，所以我们一定不能忽视身姿这个问题。所谓的“以貌取人”，其中就包含了“以身姿取人”，那些具备优美身姿的人往往能够赢得人们更多的好感，让人们更加相信他们的才华与能力，即使有的时候两者没有必然联系。因此，内心美丽，更要外在精致，这是我们在沟通中必须认清的一点。沟通过程往往短暂，时间不允许他人对我们慢慢进行了解，我们需要在有限的时间内进行全方位展示，那么优美身姿就是一个必须持有的武器。

如果我们想要让自己整体上气质提升，身姿优美，就必须要挺起胸部，后背伸直，脖颈立直，微含下巴。要想做到这四点其实没那么容易，毕竟动作保持久了就会形成习惯，习惯顽固了，糟糕的身姿就会不自觉地出现。

我们可以从日常生活中慢慢进行练习。

1. 对镜练习。

镜子是一个非常不错的工具，我们要充分利用。我们最好选择那种落地式的穿衣镜，站在镜子前，一点一点调整自己的身姿。比如，我们有驼背的问题，就学着慢慢让自己的肩膀下沉，双肩展开，脊椎立直。纠正持续一段时间后，我们就会发现有效果了。

2. 靠墙站立。

靠墙站立这个方法既简单，可操作性又强，效果也很好。每天我们可以花上10分钟，选择一道平整的墙，从脑后侧到脚后跟，全部贴紧墙壁。当我们感到酸痛的时候，一定要咬咬牙坚持下来。靠墙站立尤其不能“三天打鱼，两天晒网”，必须每天坚持。

3. 适当运动。

现代年轻人普遍存在的问题是缺乏运动，这不仅影响身体健康，还会改变我们的身姿。如果你想练就优美身姿，不妨每天进行运动。如果你细心观察身边那些经常锻炼的人，一般身姿都不差，他们真正做到了站如松，坐如钟。

4. 改变糟糕的生活习惯。

有些朋友长时间对着电脑工作或打游戏，不仅腹部长肉，而且头颈向前，含胸驼背，即使他站起来，有可能也保持这个身姿，久而久之，就形成了一种身体记忆。因此，糟糕的生活习惯会摧毁我们的身体，包括我们的身姿。我们应该从现在开始，一点一点寻求改变。

手势：心有所动，手有所指

我们在沟通中往往搭配运用一些手势，以帮助沟通的进行，同时让对方更好地了解我们心中的意图。

在美国南北战争期间，弗吉尼亚州的一名国会议员向美国联邦政府提出建议，放弃萨姆特、皮肯斯城堡及南方多州的联邦产权。林肯听后，讲了一个故事给议员听。

狮子与樵夫的女儿陷入爱河。女孩希望狮子能向自己的父亲提婚，狮子同意了。樵夫面对狮子的结婚请求，说道：“看，你的牙齿太长！”听完，狮子拔掉了自己的牙齿。

此时，樵夫又说：“看，你的爪子也这么长！”听完，狮子将自己的爪子也都拔了。

樵夫看到狮子都照做了，于是开枪将毫无招架之力的狮子打死。

故事讲完，林肯紧紧握住拳头，用坚定的神态和语气说：“我绝对不会像这只狮子一样，给自己一个这么惨的结局，我绝对不会受到任何人的唆使和摆布！”

林肯用握拳的手势向议员阐明自己心中无比坚定的信念，此时的手势是沟通内容的加分项，起到了事半功倍的效果。

一般来说，对一个姿势的理解需要结合其他部位的姿势和特定的环境，否则很容易引起误解。

下面几种常用的手势我们可以拿来运用。

1. 紧握拳头。

“握拳”一般被看作决心、坚定、自信和力量。其实，不难发现，那些富有感召力的演讲者，在讲到高潮时，往往会紧握拳头。而面对敌人时紧握拳头是在向敌人宣告：“来吧，我不怕你。”

2. 紧握双手。

专家对紧握双手这一动作进行过深入研究，结果表明，如果一个人在沟通中将双手握紧，代表他们内心的焦虑和消极情绪开始蔓延，主动权已经掌握在对方手中。

很多人都会把紧握双手误解成自信的表现，因为这样做的人通常面带微笑。但事实上，那些内心真正放松自信的人，很少这样做。

有时候你需要利用对方的紧张和焦虑来获得更多的有利条件，但有时候你也需要让对方放松，让沟通顺利进行。如果与你交流的人双手紧握，你应该做些事情让他们放松下来，这样他们就可以放开紧握的双手，减轻他们的紧张感。

3. 十指交叉。

当人们面带微笑地谈话时，常常会不自觉地交叉手指，或将手放在桌面上，或将手抬到胸前，看上去很轻松。但是，当手指交叉过紧时，也有可能说明这个人心中充满了不安。

4. 尖塔式手势。

尖塔式手势是指双手手指的指端一对一地接合，但手掌不接触。从形状上看，它就像教堂的塔尖一样，它的含义是自信。

沟通时，手势被赋予了各种各样特定的含义，具有丰富的表现力。此外，加上手臂有指、腕、肘、肩等关节，活动幅度大，具有高度的灵活性，手势已成为人类表达情感最有力的手段，在肢体语言中占据着重要的地位。

触摸：人际沟通中最亲密的动作

触摸是一种表达亲昵的方式，常常是亲密的人之间在沟通时运用的，如牵手、挽手臂、扶肩膀等。这种身体上的接触表明了沟通中的二人关系匪浅，也是在互相传递情感，表达心意。因此，亲密的人之间在沟通时不经意地接触对方身体，是比较自然得体的。但是如果二者关系还没到亲密的程度，随意触摸对方，则是一种不礼貌的行为。因此，我们需要把握好关系远近，再决定是否触摸对方。

除此之外，还有一种沟通情况，也可以运用到触摸。

小航的无人机项目快要接近尾声了，可是这个时候本来有意向订购的客户却突然“放鸽子”了——他们选择了其他公司的无人机。

小航感到非常沮丧，连续几天都闷闷不乐，同事也不敢和他提无人机的项目。经理看到状态糟糕的小航后，把他叫到自己的办公室。

小航以为自己要受到严厉的批评，心里更加难受。主动和经理说：“您是不是要辞退我？”

“你怎么会有这样的想法呢？”

“我搞砸了一个项目，如果您想辞退我，我也是非常理解的。”

“辞退这件事我从来没想过，你也该对自己有点信心！”

经理这个时候拍了拍小航的肩膀，然后宽慰他：“你这次做得很不错，只是没有把握住机遇。下次注意就行了，能力上你没有问题，我很相信你！”

经理的举动和话语让小航从失意中走了出来，重新振作，准备下一个项目。

经理鼓励的话语给予了小航力量，拍肩的动作无疑又将这份力量增加了至少一倍。身体上的一个简单接触，表明了经理对小航的充分信任和认可，可见触摸并不只是亲密的人之间专有的动作，在一些特定的情境中，触摸也能传递很多信号和情感。

如果我们在沟通时会运用到触摸，还是要在以下几个方面多注意一下。

1. 了解对方。

首先，我们需要了解对方的性格，如果对方性格外向热情，那么我们配合表达时的触摸，对方可能易于接受；如果对方性格内向拘谨，则尽量不要用触摸的方式，这有可能会引起对方的反感。

相交不多的人，可以通过他的语言表达大致获知他的性格，善谈且表情丰富的人一般都是外向性格，而安静腼腆的人显然就是内向性格。

2. 男女差异。

触摸特别要注意男女差异。同性之间有一点身体上的接触，无论多少，都不太会被排斥。但是如果沟通的双方是一男一女，二人也还没达到亲密关系的程度，尽量不要用触摸的方式，随意触摸显得很不礼貌。

3. 把握尺度。

触摸也要把握尺度，像故事中的经理那样，简单地拍一下肩膀，或者捏一下手臂，都比较符合人们对尺度的要求。而有些身体部位，如手、脖子、脸等，尽量不要随意触碰，这些都是触摸的禁区。

空间效应：掌握最恰当的人际距离

在一间刚开门营业的图书阅读室，第一位读者走进去挑选自己喜欢的书坐下开始阅读，这个时候，心理学家拿了一把椅子坐在他身旁。

按照上面这个过程，心理学家一共用相同的方法测试了几十个人。结果表明，在几乎没人的阅读室里，他人对于心理学家靠近自己坐非常反感和抵触，一些人会主动离开自己的位置，选择其他的位置来坐，还有一些人直接向心理学家发问：

“你想做什么？”

实验向我们阐释了一个重要的道理，我们与他人之间是需要空间距离的，空间距离的远近也取决于双方关系的远近。像实验里那样，如果一个陌生人突然毫无征兆地坐在自己身边，会让人感觉非常不舒服，感到自己被冒犯，但如果换成熟悉的朋友坐在身边，则会很自然。

艾琳在网上出售的一件陶艺作品被一位顾客买下，询问之后，艾琳得知顾客和自己都在一个城市。为感谢顾客对自己作品的赏识，艾琳决定登门拜访，亲手将陶艺作品和感谢信送过去。

顾客表示不用这么客气，在艾琳的再三坚持下，顾客同意让艾琳来到自己家附近的茶室。见面后，艾琳发现对方是一位年轻女士，现如今能喜欢陶艺的年轻人不多，艾琳更是对这位顾客产生了多一层的好感，她热情地打起招呼，并坐在了顾客身旁。

顾客脸上掠过一丝不悦，皱了皱眉，但是艾琳没有察觉。艾琳热情地介绍自己的陶艺作品。亲手将包装精美的陶艺作品交到对方手中。

艾琳回到家中，正当她以为已经与这位顾客建立起友情，准备打开微信继续聊天时，却发现自己已经被对方拉黑了。

艾琳在这件事中犯了一个错误，那就是她没有和刚认识的人保持一个合适的距离，以致引起了对方的反感和抵触。美国人类学家爱德华·霍尔经过研究发现，人与人之间一般有四种距离。

1. 亲密距离。

亲密距离通常在 0.5 米之内。一般恋人、夫妻、亲子等具备较亲密关系的人之间，可以采用这种距离进行沟通。

2. 个人距离。

个人距离通常在0.5米至1.2米，一般比较熟悉的人之间可以保持这个距离。

3. 社交距离。

社交距离通常在1.2米至3.7米。在社交场合或工作场合，人们一般采用这种距离沟通。

4. 公共距离。

公共距离通常在3.7米至7.6米。在演讲、汇报等公众场合向人们传递信息时一般用这种距离，显得较为正式。

我们已经了解了四种沟通距离的概念和适用场合，接下来我们该学习如何把握距离的分寸。

1. 提前分类。

我们需要在沟通开始前，将自己与对方的关系进行判断，两个人是属于哪一类的关系，亲密距离无须判断，公共距离也很好把控，一般是在个人距离与社交距离之间做进退。如果是交往很久、已经熟悉的人，就选择个人距离；如果像艾琳那样与对方相对陌生，则要选择社交距离。

2. 回归现实。

一些朋友容易对沟通距离判断失误的原因，是他们在用理想中的关系替代现实中的关系。例如，一个男孩渴望与心仪的姑娘更亲密一点，也许两个人还不算很了解，男孩也有可能被情感冲昏了头脑，在应该选择社交距离时，不合时宜地选择了个人距离，甚至亲密距离，不仅没有让姑娘感受到自己的真心，还让对方认为自己非常唐突和冒失。

我们需要及时认清理想中的关系与现实中的关系，切莫将两者混淆，或进行代替。在没有得到对方言语的肯定时，我们应该谨慎一些，从现实角度出发进行判断。

仪表：外部形象扮演重要角色

20 世纪中叶，美国两个社会心理学家将此前 100 年美国盗窃犯的档案全部调出来，加以分析。他们不根据犯罪的情节，仅仅按照仪表、外貌把这些盗窃犯分成两组：一组模样看起来比较帅气，打扮得干干净净、整整齐齐；另一组长相粗野、胡子拉碴、不修边幅。

美国法官向来认为自己公正无私。他们表示：“我们一向是根据犯罪事实来判断的，决不徇私。”但心理学家的统计结果表明，形象俊朗、整洁的一组平均判刑是 2.8 年，而外表邋遢、混乱的一组被判刑期均值为 5.1 年，二者相差 2.3 年。

消息传出后，全美哗然。心理学家分析了法官断案的心态：如果一个人长得贼眉鼠眼，眼神游移不定，歪戴帽子，斜系领带，看着就觉得他像坏人。但如果一个人长得白白净净，穿着得体，戴着金丝眼镜，他怎么可能犯罪呢？一定是被胁迫的。这一点荒唐的同情心代偿了两年多的刑期！

案例虽然有些极端，但是也由此可见，在人们心中，仪表有的时候是可以成为加分项的。

听说多年不见的好友林佳要从国外回来了，徐莹莹格外高兴，她主动约林佳在一家餐厅见面，想要好好叙叙旧。

徐莹莹早早为这次重要的约会做准备，选了漂亮的连衣裙，还特意去剪了头发，希望能以精致的面貌出现在林佳面前。到了那一天，徐莹莹来到餐厅等待林佳的到来，但是看到林佳的那一刻，她忽然热情减掉了一大半。原来对方只是穿着简单的服饰，没有化妆就过来了。果然两个人的叙旧也没有像徐莹莹期待的那样，仅仅一个小时就结束了，林佳在整场聊天中都显得敷衍和心不在焉。

回到家后的徐莹莹很伤心，在看到林佳的打扮时，她就已经明白对方已经不把自己这个昔日好友放在心上了。

得体的仪表关乎个人形象，更体现着我们对他人的尊重。

可以说，个人形象如一张名片，真实地体现着一个人的教养和品位；客观地反映着一个人的精神风貌与生活态度；形象还展现出我们对交往对象的重视程度；也是我们所在组织整体形象的有机组成部分；在国际交往中，还往往代表着国家和民族的形象。端庄大方的妆容、整洁得体的穿着、礼貌优雅的举止等都在彰显着我们良好的个人修养和审美情趣，让我们在人群中成为被认可、受欢迎的人。

人的仪表包括人的脸部、表情、着装、发型、配饰和鞋袜等外观的各个方面。整洁大方、自然得体是对一个人仪容仪表的基本要求。

首先，人要注意自己的表情。“相由心生”“诚于内而形于外”，亲切自然、微笑友善的表情会很快拉近我们和他人的距离，给人美好舒适的感觉。

其次，要注意保持面部的干净与清爽，并注意时常清洗和保养头发，养成常刷牙、常洗澡的好习惯。现代社会男士和女士一样，均要适当施妆，但妆容要注意扬长避短，展现我们的健康靓丽、协调自然之美，切不可不分场合地浓妆艳抹、哗众取宠。

最后，要强调的是，配饰和鞋袜也是个人形象中非常重要的细节。配饰要尽量与着装和个人气质相和谐，力求简洁、雅致，不宜过于耀眼、夸张和繁杂。鞋袜的穿着与场合有关。一般商务着装时应穿正式的皮鞋，以黑色和深棕色鞋袜为常见；休闲运动时选择舒适的休闲鞋或运动鞋等，不可混穿。

时间：处理时间的方式也能透露出信息

在沟通时，如何处理和对待时间，也能暴露出对方内心的一些信息，或者是性格密码。重视时间概念的人，在沟通的时候或多或少会显示出自己对时间的重视和把控。例如，定义沟通的时长，频繁看表催促对方快点说，为了争取时间不惜打断对方，等等。而一些时间概念相对淡漠的人，则要求没那么严苛，甚至还会出现沟通时拖延的情况。

谈判从一开始便陷入了焦灼。

甲方首先强势地说："我们今天只能留出一个小时的时间用来谈判，现在是上午 9 点，如果 10 点还没有取得结果，那么谈判将就此终止。"

乙方也不甘示弱地说："一个小时足够了，谈判成功与否，其实半个小时就能看出端倪。"

但是谈判并没有像双方说的那样，一个小时便终止，而是从上午 9 点，整整谈到了下午 4 点。而且最后双方还相邀共进晚餐。

参加谈判的甲方代表透露，原来随着谈判的进行，双方都发现了合作的新商机，于是不知疲惫地一个小时接一个小时地谈下去，下午，双方愉快地达成一个合作的框架。一天的紧张谈判终于迎来了一个好的结果。

在谈判一开始，甲乙双方都在用"时间有限"来放狠话，由于还没有建立信任关系，也对合作前景不看好，虽然甲乙双方愿意坐下来商谈，可是都不愿意在一件他们认为没结果的事情上多浪费时间。因此，甲方只留了一个小时的谈判时间，乙方更甚，一个小时都嫌多。

可是随着谈判有了转机，双方最初对时间的那种判断和定义被推翻了，在商机面前，一个小时显然不够用了。他们再也不提时间紧张，也都默默忽视了先前一个小时的约定，誓要将谈判进行到底。

由此可见，如何处理时间，也代表了当事人如何看待沟通。因此，我们在沟通时，要尽可能注意和观察对方对时间的态度，这样才能方便我们了解对方的想法。

1. 沟通的难易程度。

从沟通内容来看，是有难易之分的。比如，商讨明日的安排，可能只需要半个小时，可是商讨半年的规划，却可能花上两三天的时间，甚至要进行多轮沟通。沟通的事情越简单，我们花费的时间自然越少。

当一个人给沟通留了很短的时间时，很可能是他的判断告诉他这个沟通内容很容易。从中我们可以了解到，他对这件事的判断。

2. 沟通的重视程度。

一个人越重视某件事，越会花时间在这件事上，沟通亦是如此。相反，对沟通越轻视，越是希望沟通快点结束。当一个人不断加快沟通速度，甚至后来用语言或表情催促时，我们可以了解到对方并不重视此次沟通。如果他重视的话，则会有截然不同的表现，不仅愿意拿出自己宝贵的时间，还会在结束时主动约定下次交流的时间。

类语言：容易被忽视的重要信息

类语言是指那些有声却没有固定意义的声音，如我们发出的叹息、怒吼、呻吟等。类语言本身不是词语，却能充分表达沟通者的情感和情绪，同样具备重要且不可忽视的意义。

由于搬家，诗诗不得不从原来就读的小学离开，进入一所离新家更近的学校读书，并面对陌生的老师和同学。

妈妈很关心诗诗的学习，到新的班级一周后，妈妈在饭桌上问诗诗："最近怎么样？换了学校，学习能不能跟得上？老师和同学对你还好吗？"

"唉，很好啊，学习我能跟得上，老师对我也很好，还有同学也常常帮助我。"诗诗答道。

虽然诗诗回答一切都很好，可妈妈还是从她开头的一声叹气中感知到，诗诗并不快乐。

妈妈继续说道："没关系的，有什么不开心的，尽管和妈妈说，不要藏在心里。"

"新学校真的挺好的，操场很大，同学们也都对我很好，我就是有点想以前的同学了。现在放学后，都不能约小玲出来玩，她家离咱家太远了！"

"原来你是想小玲了，这样好不好，我跟小玲的妈妈说下，周末带你俩一起去游乐园，这样你就能见到小玲了！"

"啊！太好啦！"诗诗高兴地叫出来。

无论是前边诗诗的叹息声，还是后边转忧为喜的大叫声，都属于类语言。妈妈捕捉到了诗诗的类语言，由此得知了诗诗的真实内心，从而打开了诗诗的心结。

不时出现在我们语言空隙中的类语言，很多时候都是情感和情绪的自然流露，因此较为真实和可信。有的时候，如果抛开语言信息，只是发出类语言，我们也能判断对方的心情。可见，类语言虽没有词义，功能却一样完善和强大。

倾听对方的类语言时，我们需要注意以下几点。

1. 类语言具备简短的特性。

一般类语言占用的时间都很短暂，给人一种稍纵即逝的感觉，稍不留神就被忽视了。因此，我们在沟通时，要保持高度的注意力，集中精神来倾听对方的表达，结合前后语境对对方的类语言进行分析。

2. 类语言形式多样，千变万化。

有一些是我们比较常用且熟悉的类语言，我们在感知这些类语言时可以毫不费力。但是类语言涵盖的内容非常多，按照定义，凡是有声却无意义的语言都叫类语言。因此，我们要扩大自己的类语言范畴，那些不常见的类语言，也需要认真识别，小心对待。

3. 类语言同性格有关。

我们都知道鲁迅先生描写的人物祥林嫂，祥林嫂是一个可悲的角色，她经常使用长吁短叹的类语言，这些类语言充分表明了祥林嫂的性格特征。

如果我们在沟通时发现，对方无论说任何事，都频繁使用一种类语言，很有可能是他平时的习惯和性格导致，与他想表达的情感倒无太大的关联。

辅助语言：多种感官皆可成为信息的载体

辅助语言是指我们在沟通的时候，表现出的音量、音质、声调、语速等语言要素。同样一句话，由于音量大小的不同，传达的意义就有所不同。辅助语言与类语言一样，在沟通中都起到很关键的作用，我们可以通过察觉和识别辅助语言，更加准确地判断对方的意图，同时，辅助语言也是我们表达的工具，以便更好地传递信息。

晨会上，部门主管向各位同事传达本周的几项工作内容，会议结束后，大家开始按部就班地干活。第二周分享工作的时候，只有丁一亮受到了批评，原因是他上周没有将重要的工作放在首位，反而做了一些不那么要紧的工作。

丁一亮很不解，为什么参加晨会的其他人都能清楚明白地领会部门主管的重点，只有自己茫然不知。

丁一亮向部门里关系最好的哥们华禹请教，华禹说："你看上周部门主管在说那些工作的时候，很明显在某项重点工作上拉长了音调，而且加重了语气，不知道你注意到没有？"

丁一亮摸了摸头说："我确实当时没注意到你说的这些。难道通过他的语气和音调就能判断出来？"

"八九不离十，你看他说其他工作内容的时候，语气又快又轻，只有在说那个重点工作的时候，不自觉地语气变得沉重，他肯定也是希望咱们能和他一样，重视这项工作。"

"原来如此，听君一席话，胜读十年书，看来我以后还要向你多学习。"

虽然部门主管没有明确指出哪一项是重点工作，但是通过他表达的辅助语言，已经能判断出关键所在。

我们每个人进行沟通表达，都不太可能像背课文一样只使用一种音量或一种语调。更多的时候，声音会起伏变换，层叠错落，各种辅助语言发挥着表达语意和情感的作用。在这里，要教会大家几种比较常用的辅助语言的意义及使用方法，充分发掘辅助语言的功能性。

1. 音量。

音量是一项重要的辅助语言。根据每个人沟通习惯的不同，平常所使用的音量也不同，但是如果一个人突然从平常的音量改变为较大的音量，这个时候就需要我们提高警惕了，有可能是对方在向我们表明他接下来说的内容很重要，正如在这则故事中说的那样。对方通过提高音量，引起我们更多的关注，吸引我们的注意力，加深我们对他沟通内容的重视程度。

还有一种情况，对方的音量也会陡然变大，那就是他的情绪突然有了很大的波动。例如，一个人受到他人质疑，他会放大声音为自己辩驳；一个人突然生气，也会提高音量表达情绪。音量犹如一个助力的武器，帮助我们提振士气，鼓足勇气。

2. 声调。

首先要区分，声调与音量是截然不同的两个概念，一些朋友会在生活中将二者混淆。发声时，声带会开合或振动，一秒内声带开合或振动的次数越多，声调越高，我们一般听到的声音越尖锐；次数越少，声调越低，我们听到的声音越为沉降。

一般气氛融洽柔和的沟通，双方的声调都会较为平缓。但是当双方的沟通气氛较为紧张，关系剑拔弩张时，有可能双方的声调都会不由自主地升高。

3. 语速。

一般认为性格急躁的人语速会很快，性格沉稳的人语速会慢下来，但是语速不只和人的性格有关系。例如，当一个人希望快点结束沟通时，他的语速会加快好几倍。再如，当某人急切地想为自己进行解释时，这个人的语速也会很快。因此，这里的语速快慢都与心情的波动有关联。

有的时候，语速慢也代表了对方在一边讲述一边思考，他必须放慢节奏，以便思路能够跟得上。由此可见，分析语速需要综合多方面情况来看，需要在沟通实战中慢慢积累经验。

第六章

CHAPTER 06

沉默与倾听，不动声色掌控局面

“积极的倾听”在沟通中有多重要？

沟通中，能言善辩的人更加能够占据主动，掌控局面。但是还有一类人，他们善于倾听，也能把握沟通的起承转合。倾听的作用，有时远超你我的想象。

人际关系学大师卡耐基说过：“对于和你谈话的那个人而言，他的需要和他自己的事情永远比你的事重要得多。在他的生活中，他要是牙痛，要比发生天灾，数百万人伤亡的事情更重大；他对自己头上小疮的在意，要比对一起大地震的关注还要多。”

一天，卡耐基赴纽约参加一场盛大且重要的宴会，宴会上，他有幸认识了一位享誉世界的植物学家。在沟通中，卡耐基对植物学家说过的话屈指可数，只是在一旁静静倾听。结束宴会后，植物学家向宴会的主人不住地夸赞卡耐基，表示和他交谈非常有趣，而且他能带给人鼓舞。虽然在整个沟通过程中，卡耐基大部分时间都在倾听，却给人留下深刻的印象，让人感觉他是一个出色的交谈对象。可见倾听的作用不可小觑。

在一次校招中，有20多名学生申请了同一家大公司的职位，人事专员从这些人中选拔出最合适的三位，决定通过面试来实际考察一下这三位学生。

其中两个学生滔滔不绝地表现自己，提出很多自己的想法。而另一位学生恰恰相反，他没有着急表达自己，而是耐心地倾听面试人的话，在面试人询问时，才根据问题进行表述。

在面试结束时，这位学生说道："通过您的介绍，我已经对公司和岗位有了更深的了解，很感谢您的分享，您的很多想法对我今后的工作帮助很大。如果我有幸被贵公司录取，还希望多向您学习。"

面试结果显而易见，这位善于倾听的学生被公司成功录用为实习生。

在沟通中选择倾听的姿态，成功地帮助这名学生获得了心仪的职位，也帮助这家公司找到了理想的求职者。俗话说："交谈之道不但在会说，也在会听。"因此，培养一双"聪明"的耳朵于沟通非常重要。

积极的倾听一般能发挥以下几个方面的作用。

1. 获取更多信息。

倾听最重要也是最基本的作用就是获取信息。当我们感到沟通比较被动时，有可能是出现了"信息不对等"的状况，即对方掌握的信息比我们全面且深入，使得我们处于被动局势。

在这个时候可将话语权递给对方，让对方充分表达，而自己转为倾听的角色，观察和收集信息，以备在后面的沟通中使用。

2. 表达尊重与关注。

对方能够从我们积极的倾听中，充分感受到自己被尊重、被关注，这种精神层面的满足能够与表扬相媲美。对方体会到自己的重要程度提升后，会更加愿意与我们继续谈下去。

3. 重塑和谐的沟通氛围。

我们都感受过紧张的沟通氛围，或是空气凝滞，两个人不发一言，或是明枪暗箭，两个人拼命发动语言攻击。无论哪一种，都会引发沟通随时崩盘的风险。而倾听则成了缓解紧张氛围的"融洽剂"，让两个人从剑拔弩张的对峙中解脱出来，使情绪和身体得到放松。

4. 给予对方倾诉的机会。

我们都体会过，当我们鼓足勇气向对方倾诉时，如果对方只顾自己说话，不给我们任何机会，我们便会选择不再倾诉。

在沟通中，倾诉的机会需要自己主动争取，同样也需要对方给予。当两个人都想倾诉时，必须有一个先扮演倾听者的角色。我们要留出足够的时间给对方倾诉。

倾听的核心：暂时搁置自己的需求

几乎每个人都是带有目的地与他人开展沟通，因此整个过程都围绕着这个目标进行各种阐释、感染和说服。但是当一个人过于集中于目标，着眼于自身，就会忘记与我们沟通的人也有他的需求，也需要被倾听。

有的时候，我们需要暂时搁置自己的需要，才能让自己更好地进入和扮演倾听者的角色，否则就会让沟通变成一场独角戏。

被誉为“世界上最伟大的推销员”的乔·吉拉德，在他的推销生涯中发生过这样一件事。

乔·吉拉德在一次即将与客户达成交易时，却突然被告知这单生意不做了，乔·吉拉德百思不得其解。他按照客户之前登记的地址上门拜访，希望了解客户为什么在最后时刻反悔了。

客户感受到乔·吉拉德的诚恳，于是将原因讲给他听。

原来，就在客户准备签字之前，他向乔·吉拉德说到了自己即将上大学的儿子，还谈到了他的理想和运动成绩，客户为自己的儿子感到非常骄傲。当客户满怀感情地说到这一切时，却突然发现乔·吉拉德无动于衷，原来他根本没有听自己说话。不仅如此，当时还有一个电话打进来，乔·吉拉德立刻接听了，这个举动让客户感到非常生气，决定取消订单。

一番话让乔·吉拉德猛然意识到，当时的自己确实没有注意客户在说什么，满脑子想的都是生意和客户签字的事情。之后，乔·吉拉德在面对其他客户时，时时刻刻用这个例子警醒自己，要注意倾听客户的话，给予他们充分的关注。

即使是在推销方面经验丰富的乔·吉拉德也会犯沟通时缺乏倾听的问题，正是因为他对自身关注的程度远高于对方，才让客户恼羞成怒，撕毁协议。倾听的核心，必然是暂时将自己的需求“束之高阁”，待倾听结束后，再以适当的方式合理表达。

1. 不要以自我为中心。

凡事以自我为中心，容易让一个人变得盲目和执拗。在沟通中也是一样，狭隘的思想让我们只关注自己的需求，毫不在意对方到底是如何思考以及表达的。

因此，我们想要成功地暂时搁置需要，必须让自己成为一个心胸宽广的人，如果你的胸怀装得下山川沟壑，自然也能装得下对方的一言一行。我们应该从一个凡事为自己着想的人，变成一个多替他人考虑的人。

2. 坦诚面对两个人的分歧。

当我们的需求与对方有冲突时，我们可能会急于改变对方的想法，让对方接纳我们的观念。这种“两种思想不能共存，必须要消灭一种思想”的观念是时候必须改变了。

我们在沟通前，必须清醒地认识到一点，那就是两个人具备两种截然不同的思想，是非常合理与正常的事情，我们要做的是求同存异，而不是消除异己。坦诚面对两个人的分歧，才能在分歧的基础上浇灌出繁茂的花朵。

3. 暂时搁置需求不等于放弃需求。

搁置需求有一个前缀修饰词就是“暂时”，如果我们将“暂时”抛弃，或是将它置换成“永久”，我们就会丧失自我，沟通也就毫无意义。我们要做的是，倾听一段时间后，在恰当的时间勇敢表达自己，不要让自己永远躲在背后扮演奉献者的角色。

放下成见，全神贯注地体会对方

成见是人观察和理解世界的一种阻碍，心怀成见的人，会丧失很多感知美好的机会。同样地，成见也是一道无形的枷锁，让我们不停地输出自己的观点，忘了用心去倾听和理解对方。当我们放下成见，会看到另外一种从未想到过的可能性。

有一位年轻的电气工程师，从事的工作是售后服务。一天，他陪妻子到商场购物，恰巧走到自己公司电器的售卖柜台。这个时候，一位顾客向柜台人员抱怨所购买电器的种种问题，显得很气愤。工程师忍不住停下脚步，也同旁边看热闹的人一起，静静地听这位顾客都说了什么。

待顾客说得差不多的时候，工程师向前迈了一步，站在顾客面前，诚恳地说道：“这位女士，您好，我是您反映这家电器有质量问题的的售后工程师，我非常希望您能详细跟我说一下您刚才提的问题，越详细越好，我要一一记录下来。”

顾客带着将信将疑的态度，又把刚才的话和工程师重复了一遍。

工程师留下顾客的电话后，信誓旦旦地说道："请您一定放心，我立刻联系公司的工作人员，他们会抓紧时间到您家中，为您进行修理。"

果不其然，工程师当场拨通了维修部的电话，两小时后，工作人员已经到达该顾客家中进行维修。后来，这位工程师再次致电顾客，记下了很多关于电器如何能更好用的建议。

我们在倾听时也要像这位工程师那样，表现出对对方的充分尊重，用全神贯注的方式将对方的话听到心里，记在脑中，而不能敷衍了事，假装认真。无疑，在工程师的面前，这位顾客缺乏专业知识，顾客抱怨的产品质量问题在工程师看来可能不值一提。但是，工程师依然没有对这位顾客抱有任何成见，他诚心诚意地倾听，虚心受教。

成见犹如一堵墙，阻碍了交流的进行，也让我们的倾听看起来不那么真诚。只有拆掉这堵墙，才能让双方站在平等的地位上，给予双方同等表达的权利。在轮到对方表达时，我们应更加关注他所说的内容，忘掉所谓的成见。想要成功拆掉成见这堵墙，我们需要做好以下两点。

1. 不要预设看法。

某些成见的产生是因为我们在沟通开始之前就预设了看法，如"他就是这样一个人""这件事本来就是这样的""这个想法就是不对的"。提前做预设，如同提前确立沟通目标，那就是用自己的观念说服别人。无论对方说什么，只会固化我们的这种预设，激起我们的反抗，更不要说静下心来倾听了。

因此，在与对方谈一件事时，尽量不要有预设看法这个步骤，让两个人像白纸一样地对话，才能更好地理解和接纳对方。

2. 不要有高人一等的想法。

有些成见还源于我们自视高人一等。例如，一位老师很难放下成见，去倾听学生的看法，在很大程度上是他认为无论是生活的阅历还是学术的水平，自己都要远高于学生。在沟通中，他想拥有更多的话语权，他的观点也自然而然要强于自己的学生。

带着高人一等的想法是无法平等对话，认真倾听的。我们看到很多学术大家反而是虚怀若谷的人，唐朝的白居易拿着自己写好的诗到不识字的老人面前，念给他们听，如果老人听不懂，他就去改，如果能听懂，他就留用。这种精神实在值得我们在沟通中借鉴。只有将心中的成见赶走，我们才能有空间盛放新的内容。

同侧移步：小心引导对方的谈话

同侧移步，是指沟通中的两个人保持节奏上的一致，如果对方向西走，我们也要向西伴他而行。身体动作上的一致仅是比较狭隘的同侧移步，在这里重点要讲的是广义的同侧移步，即思想和表达上的同侧移步——让两个人的思维在同一处跳跃，路线和目标也基本相同。

在我们倾听时，如果发现双方的思维发生偏差，不能任由两个人渐行渐远，我们必须采取手段和举措，同侧移步就是一个非常有效的方法。

李胜和乔远都是大学学生会的干部，两人为了校园运动会的筹办工作坐下来一起商量。

李胜：“我认为，今年咱们的工作一定要多一些亮点，我想在比赛设置上，还有开幕式节目安排上做一些和往年不一样的调整。”

乔远："我和你想得差不多，比赛设置关系到各年级的实际情况，必须仔细研究，像去年那样影响大二学生学习的事，不能再发生。还有节目上，必须选拔优秀的，而不是只能靠推荐。另外，校外赞助咱们也得提上日程了。"

李胜："你说得不错！真是提醒我了，校外赞助，要不然就交给小飞去弄，我看他的口才和交际能力都不错。"

乔远："小飞确实能力不错，为了稳妥起见，可以让阿强也跟着一起去，阿强还可以多向小飞学习，多历练！"

李胜："是的，还是你考虑周全。"

在这个对话中，乔远运用了两次的同侧移步，小心引导着话题。李胜和乔远之所以能讨论得很和谐，与乔远做了一点"功课"密不可分。他先是充分肯定李胜的想法，然后提出自己的观点做补充。如此一来，两个人的思路一直是相向而行的。如果换一种方式，乔远在听完李胜的见解后，立刻甩出自己的观点进行反驳或否定，那么很可能他自己的一些想法也会遭遇同样的结果。乔远运用同侧移步，将两个人的沟通距离越拉越近，而不是越推越远。

那么，在我们使用同侧移步时，需要注意一些什么呢？

1. 肯定对方的表达。

无论我们如何看待对方说的话，都应该给予充分的尊重，我们需要将对方叙述中有价值的部分提炼出来，用褒奖的方式讲给他听，然后才能更好地开展引导。一些朋友不重视这个步骤，就会导致后面的同侧移步很生硬，从而很难抛出自己的观点。

2. 形式尽量委婉。

在开展同侧移步时，务必注意将话语变得委婉柔和，如可以添加一些"要不然""也许""可能"等试探性的副词，让语言听起来不那么刺耳。

倾听回溯法：瞬间构筑信任关系

倾听回溯法是一种倾听的重要技巧，可以帮助原本缺乏信任的沟通双方瞬间构筑信任关系。如果想要更好地理解倾听回溯法，先来看下面的小故事。

A客户是全公司公认最难搞定的客户，偏偏A客户手里有很多不错的生意，于是销售部的各位同人既对A客户“虎视眈眈”，但又不敢轻易出手，怕得罪A客户。

刚进公司一个月的小凡不信邪，决定挑战一下这个同事眼中的“大老虎”。

小凡开始了自己的第一次拜访。

“您好，A总。感谢您百忙之中见我，这真是我的荣幸。”

“不用客气，我的时间很宝贵，咱们长话短说吧。”

“想必之前我的同事和您接触过，可能您对我们公司也有过一番了解。”

“的确是听说了一些，但是了解得不多，你可以再讲讲。”

“这次我主要不是让您听我说，哪怕您对我们公司有1%的了解，我也非常想听听您的看法，请您畅所欲言，关于我们公司的一切，您都可以说。”

“好吧，那我说一点我的看法……”

小凡认真地听着，而且不时地用笔在本子上写下重点。

等A客户一五一十都说完，小凡也开始了自己的表达：“刚才听您说了这些，我深深受到了触发，不知道我刚才对您所说的话理解得对不对……”

小凡将刚才A客户说的那些内容，又重新组织语言，按照他的思路说了一遍。然后她继续说道：“您刚才提到了重要的三点，分别是……这些都是对我们公司现状的精准把握，反映了在客户的眼中，我公司面临的一些困局。还有您刚才说到的……也带动了我的一点思考。”

听到小凡这样说，A客户不禁感叹：“想不到你居然把我说的话都听进去了，还思考了那么多，那我再跟你说说……”

就这样，第一次见面的A客户与小凡愉快地交谈了三个小时。

小凡用的就是倾听回溯法，一招制敌，将难搞定的A客户一举拿下。其实倾听回溯法本身并没有什么高深之处，它主要是在完成倾听这个环节之后，用自己的话将对方大段的表述重新按自己的方式讲一遍。这不是一字一句地复述，而是夹杂着自己对对方话语的思考，所谓回溯，其深层含义是按照对方的思想脉络梳理一遍。对方会尤其感到受重视，开始重新审视沟通的意义。倾听回溯法帮助沟通关系薄弱的两个人，信任程度更近一层。

在使用倾听回溯法时，我们需要注意以下三点。

1. 将复述与个人思考结合在一起。

刚才我们已经提到了，倾听回溯法绝对不是简单的复述，而是包含了个人的思考，二者缺一不可。有些朋友仅复述，如同一个复读机一样，是达不到理想效果的。

当对方长篇大论时，我们可以像故事中的小凡那样，在本子上进行简单的记录，厘清结构，最好能将自己的思考点也记在旁边，然后等对方彻底说完，再用一番漂亮的“反攻”征服对方。

2. 不可缺少的点睛之笔。

在倾听回溯法的结尾，我们可以按下面的语句进行表达：

“不知道我理解得对不对？”

“我的想法可能有点浅薄，还请您指教！”

“在您面前班门弄斧了，不好意思。”

看似一句礼貌的结束语，其实也是在向对方表明：我的看法见仁见智，到底是否理解准确还要对方把控。这句话如同点睛之笔，给刚才的言论画下一个完美的句号。

3. 巩固信任成果。

倾听回溯法的精髓是让对方感受到自己被理解，犹如一种找到知音的感觉。但必须提醒的一点是，使用倾听回溯法之后不要有“一劳永逸”的想法，倾听回溯法仅是一个良好关系的开端，后面还需要更多深入的交流去巩固。信任关系需要细水长流，要不断地在沟通上进行努力才能使关系长青。

模仿对方的动作，增加“同感区域”

在倾听时，我们不会发出任何声音，状态仿佛是静止的，但其实我们大脑的运转没有停止一秒，时时处理着对方传递过来的信息，虽然暂时轮不到我们发言，但是我们的头脑中已经做出了相应的反馈。沟通高手不仅在思考，身体也被充分调动起来。比如，他们会模仿对方的一些动作，这么做的目的，是让对方产生一种熟悉感与好感，帮助倾听实现更好的效果。

模仿动作这件事本身不难理解，相似的人更容易成为朋友，而相似的人沟通起来也更顺畅。这种相似不仅是性格、相貌、生活阅历等方面的趋同，也涵盖动作上的一致。为了加深这种沟通中两个人的关系，在倾听时，我们可以模仿对方的动作。例如，对方端起茶杯喝水时，我们也可以端起来喝一口；对方眼神望向一处时，我们也可以跟随他的目光看向相同的地方；等等。

花店来了一位顾客，他向店主表示要为自己即将开业的公司选购一些花卉和绿植，让新公司看上去生机盎然，店主很高兴地招待了他。

“先生，您在鲜花上有偏好吗？”

“我平时很少买花，您推荐几种吧，热闹喜庆的就可以！”

“这种红掌不错，还有昨天刚购进的蔷薇和天堂鸟，都是不错的选择。”

“颜色看上去确实都不错，我有点不好拿主意。”

“不如您说下您公司主要经营的是什么吧，还有您大概想把植物摆放在什么位置？我再有针对性地给您推荐。”

在店主的引导下，顾客开始说了起来，一边说还一边低下头嗅了嗅花的气味。店主看到他的举动后，也随着他一起嗅了一下面前的花。

顾客讲完后，店主开始说：“看得出来，您是一个要求严格的人，刚才您不仅观察了花色花形，还特别注意了花香，其实我也是对花香有甄别的人，刚才我闻了几种花香，再结合您的描述，我觉得这几种很适合您呢。”随后，店主给出了自己的专业意见。

“您的专业精神很令人敬佩，英雄所见略同，您推荐的和我选择的不谋而合！”

这位有经验的店主刻意模仿了顾客闻花的动作，让顾客认为他们是同样对花香有要求的人。我们都明白一个道理，如果想融入一个圈子，自己身上也要具备圈内人的特质。沟通的道理是相同的，用相同的动作向对方传递一个信号：我们在某种程度上是同一类人。

在我们选择模仿动作的时候，还要避免下面几个误区。

1. 模仿机械化。

所谓的模仿机械化就是，别人做什么，自己就做什么，在模仿的过程中从来没有思考过对方为什么要这么做。这是一种最普遍的误区，而故事中的这位店主是凭借销售经验，意识到顾客的一些需求心理，所以才决定进行模仿，而不是机械化地跟从。

2. 模仿频繁化。

对方在表达的过程中可能伴随着各种各样的动作，其中一部分动作有明确的意义，但是还有一些动作完全是下意识的，没有任何指向性，如随意地摸一下头，或者是打个哈欠。如果我们不加思索，将对方的动作全都模仿下来，那么一定会带给对方莫名其妙的感觉。

3. 模仿去本化。

模仿去本化的具体意思是不要为了模仿而模仿，完全失去了自我。举个很简单的例子，在沟通中，对方品尝了一口面前的红酒，此时滴酒不沾的你为了表现自己和对方相同，也拿起酒杯小酌，结果被呛得连连咳嗽。我们不要掉进这种模仿的误区中，模仿可以，但是尽量不要和真实的自己相差太远，否则很容易在对方面前被揭开伪装。

运用“三秒钟的忍耐”，发挥沉默的力量

我们都感受过中国古典绘画的魅力，以形传神，以境读情，特别注意在作品中留白，让人进入无限的遐想空间。

沟通中也有一种巧妙的留白技巧，那便是沉默。被语言充斥和塞满的交流，会带给人一种如鲠在喉的感觉。我们需要克制表达的冲动，适当沉默，营造出一

种“此时无声胜有声”的效果，让对方从我们的沉默中读到我们要表达的内容。沉默如果运用得恰如其分，会发挥意想不到的效果。

在成功开发了一款APP后，爱迪希望通过卖掉这款APP，为自己筹集资金创办公司。

由于爱迪长期从事软件开发，对于市场上的行情知之甚少，于是他询问自己的妻子米娜。可是米娜也对究竟该卖多少钱心里没底。米娜心一横，对爱迪说：“你就跟别人报2万美元的价格吧，你看，2万美元刚好够我们的公司起步。”

爱迪难以置信：“是不是太多了，2万美元可不是个小数字？”

米娜安慰爱迪：“我觉得没准能行，这样，我们可以先试探一下对方，让他先说价格，然后你再说自己的价格。”

爱迪把要卖APP的消息放了出去，很快一位商人找到他，商人非常有兴趣购买。谈到价格的环节时，由于爱迪不好意思直接张口要2万美元，于是迟迟没有说。经过了几次追问后，爱迪还是不敢说出口。米娜此时没在身边，爱迪甚至有点想等米娜回来再商议价格的事情。

商人见到爱迪一直保持沉默，有点坐不住了，开口说道：“10万美元，您看如何？”

商人报出的价格远远超出爱迪的意料，他非常高兴，立刻同意了商人的报价。事后，爱迪和米娜开心地说道，想不到沉默了一会儿，多赚了8万美元！

爱迪完全没有想到沉默居然能发挥那么大的能量。那么，在实际沟通中，沉默都是如何发挥作用的呢？

1. 沉默是为了厚积薄发。

有时候我们沟通不下去，感到无法再发表新的观点和论断，疲惫于输出语言，不如让自己安静片刻，听对方讲话，稍作休息，来重新规划下一段的沟通该如何进行。

沉默时，我们的大脑不应该是空白一片的，而应该是飞速运转的，因为沉默时间不宜过长，我们需要很快调整好沟通姿态，厘清思路，重新投入沟通中去。

2. 沉默是为了表明自身态度。

有的时候，沉默是为了表明自身的态度。当一个人表达自己的不满和愤怒时，有可能片刻沉默，让对方感到诧异的同时，也起到警醒的作用。还有的时候，沉默是为了提示重点，当我们即将说一句非常重要的话时，可能会放慢语调，加重语气。不仅如此，还会与前一段话之间留下两三秒的沉默，然后再徐徐开口。这么做的目的是引起对方的注意力，将关注点放在我们的下一句话上。

3. 沉默是为了研判形势。

当我们在沟通中需要研判形势时，可能也会运用沉默这个方法。突然的沉默给对方一个措手不及，看似打乱了沟通的节奏，但其实是我们需要观察对方的举动。

如果对方在我们沉默后马上接话，可以看出对方是要迫不及待地表达，有些话不吐不快，这时候我们可以选择继续倾听下去。

如果我们沉默之后，对方也沉默了，说明对方可能对沟通的兴趣不大，或是不知道该说什么，我们也可以恰当地选择结束，在以后合适的机会里再沟通。

调整呼吸、建立信任关系的“观察法”

不知道你有没有注意过自己在倾听时的呼吸。虽然我们在听别人说的时候一言不发，别人也无法获知我们内心的声音，但是呼吸的频率和节奏却会出卖我们的心声。当听到自己喜欢的话时，我们的心情愉快，呼吸平稳；可是听到不尽如人意的话时，我们的呼吸会随着情绪起伏波动，对方也能感受到我们呼吸时的紧张局促。

我们需要在倾听的过程中，注意观察自己的呼吸，如果呼吸有了变化，及时进行深呼吸调整回来，让大脑重回冷静，情绪平缓下来。

前方打了败仗，将军不希望一次失败影响下属及士兵的士气，于是他设了一场宴会，款待大家，宽慰他们受挫的心情。

宴会上，将军举杯，大声说道："你们都是我多年培养的精兵强将，论打仗，谁也比不过你们！这点小失败不算什么，大家不要放在心上！"

将军手指一名士兵，说道："你来说说，对于这次失败，你是怎么看的。"

士兵战战兢兢，一时不敢发言。

将军鼓励说："没关系，你说什么，我都不会责罚你，你尽管说。"

于是士兵鼓足勇气，将他认为此次作战中暴露的一些问题都说了出来，甚至还说到了将军制定进攻策略的失误。这名士兵实在太大胆，在场的人都为他捏了一把汗。

听完后，将军大笑道："说得好！你是可造之才！还有谁想说一说。"

可是，此时已经没有一个人主动站出来发表看法了，因为他们都清楚地看到，将军在听这名士兵发表意见的时候，呼吸急促，满脸涨红。

听士兵发表看法时候的将军，虽未发一言，可是呼吸和脸色已经表露一切，他无法接受对方这么批评自己。即使他想听其他人继续发表看法，也没有人敢在他面前造次了。

如果我们想在沟通中使呼吸一直保持均匀，不让这个小细节影响沟通，不仅要做到有意识地观察，还要注意一些小技巧。

1. 深呼吸要尽量放轻。

当我们要深呼吸调整呼吸频率时，请尽量将动作放轻，不要让别人察觉到我们是在进行这个动作，吸气呼气最好在不知不觉中进行，更不要发出声音。

2. 展开肩膀。

将肩膀向外向后彻底舒展开，也能帮助更多的空气进入胸腔，调整呼吸也更为轻松容易。

3. 借助简短词汇。

在对方讲话时，我们如果能像相声演员中的捧哏一样，用“嗯”“好”“对”“不错”“哦”等词汇适当回应，也能帮助我们调整呼吸，因为空气会随着张口说话而进出。

适时重述：技巧性地引导下一个话题

在倾听的过程中，适时重述对方所说的内容，可以表现出一种积极的态度，并能满足对方渴望获得重视和认可的心理需求，对方往往愿意进行更进一步的沟通。

这里需要指出的是，“重述”不等于简单重复对方所说的话语，而是要发挥自己积极倾听和理解的能力，再适当加入自己的情感、倾向，对对方的话语进行重新描述。

此时，对方会得到一个“被倾听”的信号，内心会获得满足感，即使我们的描述与对方要表达的意思有所出入，对方也会乐意向我们做出解释。

李峰和张秋是一对夫妻，让我们来听听他们之间的一段对话。

李峰：“我答应了老张，星期天和他一起去拜访客户。”

张秋：“星期天可不行，你跟我说好一起去逛街的，你忘记了吗？”

李峰：“一起去逛街……哎呀，看来我的安排让你为难了……”（第一次重述）

张秋：“你有安排的话，为什么不能早点告诉我？”

李峰：“我确实应当早点说，真抱歉，这两天工作太忙，我一时忘记了……”（第二次重述）

张秋：“算了，这不重要，我一个人也可以，只是我觉得你不够重视我。”

李峰：“我理解你的心情，但我真的不是故意忽视你，要不我现在去回绝老张？”（第三次重述）

张秋：“千万不要这样，这会影响同事关系的，你忙你的吧。”

李峰：“你说得有道理，我也觉得这样不太好。我答应你，一定会尽早赶回来陪你逛街……”（第四次重述）

在这段对话中，李峰先是认真倾听张秋的话语，再通过反复“重述”一次又一次地引导对话。首先，他使用了表达认可的重述，使张秋获得了被尊重、被理解的感觉，激动的情绪也逐渐平复。其次，他尝试在重述的同时为自己寻找合理化的解释，指出自己是因为工作原因才造成了失误，这样的说法也能让张秋接受。最后，他在重述中巧妙地进行了试探，并把选择权交给张秋，询问她自己应不应该拒绝同事，通情达理的张秋自然给出了否定的答案。

就这样，李峰利用“适时重述”的技巧，化解了沟通困境，也赢得了妻子的谅解。如果我们在沟通中遇到类似困局，也可以仿照李峰的办法，先认真倾听对方所说的每一句话语，再巧妙地对其中重要的内容或存在疑问的地方进行复述，就可以让沟通更加顺利地进行。

具体来看，沟通中的重述可以在以下情境中运用。

1. 某些信息需要被特别强调时。

在倾听的过程中，如果我们听到了比较重要的信息，可以进行适时重述。这样一方面能够告诉对方，我们一直在认真地倾听，思想没有开小差；另一方面也便于提醒对方注意这些关键性的内容。

沟通往往是“说者无心，听者有意”的，可能对方也没有意识到自己在无意中讲到了问题的重点，经过我们重述提醒后，对方常会有恍然大悟的感觉。之后的对话就更能命中问题的要害，也就可以大大提升沟通的效率和效果。

2. 信息的准确性需要核实时。

有时对方一次诉说的信息过多，并且其中包含人名、日期、地点、数字等非常重要的信息，我们也应当进行重述，以便提醒对方核实信息是否准确，这能够避免很多不必要的误解。

比如，一位销售员在与客户沟通时，客户口头下订单，想订购规格为 11 米长的管线，销售员连忙重复了一遍：“是 11 米长吗？”客户连忙摇头，说了半天，才让销售员弄明白客户需要的是 17 米长的管线，只是因为口齿不清才把“17”说成了“11”。幸好销售员记得复述一遍来进行核实，否则就可能给自己和公司造成损失。

3. 自己想要提出一个重要的问题时。

重述对方的话还可以起到衔接的作用，能够非常自然地引入一个新的话题，并可以提醒对方在刚才所说信息的基础上做进一步的思考，这会让对方的思路变得更加清晰。

比如，我们可以这样对对方说：“我明白你的意思，你看是不是这样……不过，我想再问一下……”之后我们就可以引出自己要问的问题，对方受到启发后，思路会跟随着我们的引导，说出一些我们需要的信息。

4. 不太赞成对方的观点，但又不想直言指出时。

如果对方讲述的内容是我们无法赞同的，又或是有明显的漏洞和谬误，我们也可以用重述的办法来提醒其注意。不过在重复话语的同时应当加上上升的语调和疑惑的语气，使对方意识到我们已经发现了问题，他会想办法改正或进行进一步的解释。

比如，我们可以对对方说："你刚才说……是真的吗？是我听错了吗？"对方会很自然地进行解释，而我们也可以趁机指出一些不合理的细节，使对方能够认识到自己话语中的谬误。

综上所述，在沟通倾听中，我们需要有技巧地重述对方的话语，但要注意不能简简单单地进行机械性的重复。这种重述技巧如果用得好，会让沟通起到事半功倍的效果，所以平时要多揣摩、多学习，才能做到运用自如。

澄清的必要性：减少信息转述造成的误解

我们都遇到过在沟通时被对方误会的情况，那么被误会后，你是如何做的呢？

宇宁与雅文是一对结婚没多久的小夫妻，结婚一周年的纪念日马上到了，雅文满心期待宇宁能给自己策划一个惊喜连连的结婚纪念日。

"老公，你还记得10月8日是什么日子吧！"

"当然记得啊，那天是咱俩的结婚纪念日。"

"时间过得真快，转眼就一年了呢。"

"是啊，仿佛咱俩领证就是昨天的事。"

见到老公一直没有对结婚纪念日有所表示，雅文有些着急了，她决定直接询问。

“老公，那咱们结婚纪念日准备怎么过呀？”

“我想着10月8日先不过……”

听到宇宁说到“不过”两个字，雅文立刻急了，还不等宇宁说下面的话，立刻大声喊道：“什么！你居然想不过了，这可是我们的第一个结婚纪念日，你知不知道这代表什么？你太让我失望了。”

“你听我解释，我不是说不过。”

“我不听！我不听！”

无奈之下，宇宁只能先不解释了，他找到雅文的闺密小贝来沟通，想说明自己计划好要和雅文旅行纪念，而且已经买好了10月10日出发的机票。可是还没等说完，自己就被雅文误会了。

谁能想到，小贝理解错了宇宁的话，在对雅文解释时越说越糟。

1. 寻找合适的澄清机会。

产生误会的时候我们就应该及时解释、积极沟通。如果双方情绪都比较激动，那么我们应该暂缓解释，等到双方都平静下来再说。尽量做到不与别人发生争执或吵架。

2. 找到误会的真正原因。

有些误会是显而易见的，但有些误会会让我们百思不得其解。此时，我们应该先冷静下来，然后找相关的知情人了解情况，看看这个误解是怎么发生的，是从谁的口中传出来的，让自己在了解的过程中通过不断收集信息来接近事实和真相。

3. 态度真诚。

真诚的态度很重要，如果确实是自己的问题，我们需要拿出一个诚恳的态度；

如果错误是别人引发的，我们也要实事求是，不能有盛气凌人的态度。

4. 当面澄清。

等到双方冷静后，在合适的时候你可以把朋友约出来，郑重地解释一下事情的缘由。面对面进行交流的时候，我们可以直接看到对方的情绪，自然就能知道对方的态度了，这是一个很直接，也很有效果的办法。有时候当我们使用电话发信息或电子邮件解释误会的时候，根本无法看到对方的态度，哪怕对方的回复是很大度的，也容易由于用词不当引起我们的误会。

情感反馈：让对方知道你听懂了他的情绪表达

倾听虽然有一个“听”字，但其包含的内涵绝不只是听。有些朋友认为，沟通时，对方讲，我在听，只要完成好这个步骤就算做到倾听了，其实不然。这种缺乏情感反馈的倾听一旦实施，你会发现，沟通的效果并不理想，对方很有可能因为得不到我们的回应，而表现出抵触和反击。

我们需要适时地给对方一个正向的反馈，即使是简单的肯定，或是寥寥数语，或是一个眼神、表情的回应，都能让对方清楚明白地了解到你正在努力倾听，而且了解他的全部感受。

在倾听时，我们要做的不是一个呆板被动的“木头人”，而是一个聪明灵活的“反馈者”。

在朋友的介绍下，思乐与方华在咖啡厅见面相亲。

方华：“听说你从事的工作是美工，绘画一定非常有意思吧？”

思乐：“嗯，我在刚接触时也觉得很有意思，和你的想法一样，但是真正开始学习才觉得真的好辛苦。尤其是工作也做这个，每天有画不完的图，一个稿子可能要改上几十遍……不过，当方案被甲方通过的那一刻，还是觉得前边的辛苦也值了！”

方华：“听得出来，你做这份工作还是很开心的。”

思乐：“你也这么觉得吗？很多人一听说我经常加班到深夜，就觉得我该放弃了！”

方华：“我不这样认为，你一定从中得到过不少喜悦。”

思乐：“是的，我不怕累也不怕辛苦，就怕这份工作不能带给我价值感。做一个美工很普通，但是创作出满意的作品，尤其是被别人欣赏的作品，我感到很幸福。”

方华：“我感觉到你的幸福了！”

思乐：“你能这么想，我太开心了！”

方华在第一次见面沟通时的表现很聪明，也很得体。他首先向思乐提出一个开放性的问题，引发思乐进行充分的表达。而方华作为一个倾听者，能够通过思乐的叙述，认真看清思乐的情感和想法，给出恰当的反应，让思乐倍感贴心和温暖。虽然只是一次相亲，但在经过这场成功的沟通后，相信方华和思乐的关系会更近一步。

方华没有运用什么高超的语言技巧，仅仅是用好了“情感反馈”这张牌。为什么我们能感到和一些人沟通很舒服，有时正是因为他们做到了情感上的积极反馈，让倾听有了温度，让彼此的关系进一步稳固。

如果我们也想做好情感反馈，不如学习下面的方法。

1. 表达对对方情感上的关注。

当对方主动表达一些内心情感时，我们首先要充分给予关注，且让对方了解到，我们很重视他的情感表达，让他放心地继续表露。例如，我们可以这样说：

“亲爱的，我非常愿意听你说这些。”

“请放心，您可以尽情表达。”

有些人可能认为说这样的话多此一举，其实不然，这是在为下一步的情感反馈奠定基础。

2. 直接反馈你的理解。

这一步就是要说出我们接收的情感表达，如我们读到了对方的伤心或快乐，我们需要直接地表达出来。例如，我们可以这么说：

“虽然你说了这么多，但是我感觉你依然不开心。不知道我的感觉对不对？”

“从你的欲言又止中，我看出一定有什么事在你心里形成了心结，这几天你是不是一直在想这件事，你看你的眉头都皱成一团了。”

这些表达，无一不是在说明我们已经接收到了对方情感上的信号。

3. 让情绪与情绪之间产生联系。

第三步就是让我们的情绪与对方的情绪产生关联，建立桥梁，达成情绪上的交流。例如，我们可以这么说：

“听到你说这些难过的事，我也感到很难过，我愿意尽我所能来帮助你。”

“看到你能勇敢地迈出这一步，我真心替你高兴！”

诸如此类的话，让对方感受到我们的情绪也随着他们的情绪共同起伏，两个人不仅能在语言上交流，更能在情感上互融。

CHAPTER 07

第七章

改善氛围，赢得理想的沟通结果

怎样才算良好的沟通氛围？

曾经热播的电视剧《欢乐颂》中有一个让人印象深刻的桥段，安迪和男朋友奇点，曲筱绡和男朋友赵启平吃完晚饭后意犹未尽，决定到安迪家一起打牌。安迪和奇点组成一队，曲筱绡和赵启平组成一队，面对高智商的安迪，曲筱绡想要赢，于是不断给赵启平使眼色，做小动作。赵启平为曲筱绡的行为感到不好意思，于是一直不太情愿配合曲筱绡搞这些暗地里的小动作，结果曲筱绡赵启平这组输得很惨。这让曲筱绡很不高兴，随后奇点想要缓和一下尴尬的气氛，转移大家的视线，于是对安迪开玩笑，随后安迪说了一句："亲爱的麦克白夫人，您的双手也并不干净呀。"还没等奇点接话，曲筱绡马上打趣说："魏大哥，想不到你是小受啊！"

这一句让本来尴尬的气氛更加尴尬，聚会也因此早早结束了，曲筱绡的浅薄暴露无遗。其实，麦克白夫人是莎士比亚悲剧作品《麦克白》中的一个经典人物，而且是负面人物，安迪在这里引用，是想说明奇点不要"自以为是"地站在好人一列。但是不学无术的曲筱绡没有读过莎士比亚的作品，没有读过《麦克白》，自然不懂得这个典故，在大家面前闹了个笑话。

这就是一个典型的不融洽的沟通气氛，曲筱绡和安迪与奇点之间的文化差异，造成了这个尴尬的瞬间。

总结下来，良好的沟通氛围一般都有以下几个特点。

1. 双方心情放松，无压力感。

2. 谈话有趣好玩，多从事情的消极方面看到积极的一面。

3. 在沟通的过程中掌握好分寸，不失体面。

4. 当沟通中遇到尴尬情景的时候，能够巧妙处理尴尬。

寻找双方的相似点，拉近心理距离

在沟通不畅甚至产生分歧时，可能双方的目光都集中在对方的不足之处，越是攻击对方，两个人之间的分歧就越大。事实上，问题之所以难以解决是因为每个人都坚持己见，想法无法统一。越坚持自己的想法，就越不容易解决问题。这时候，试着站在对方的角度上说话，寻找沟通的共同点，互相理解，求同存异，也许问题会迎刃而解。

刘先生是一家天然食品公司的推销员。一天，他还是一如往常，把芦荟精的功能、效用告诉一位陌生的顾客，但对方没有兴趣。刘先生自己嘀咕："今天又要无功而返了。"当刘先生正准备向对方告辞时，突然看到阳台上摆着一盆美丽的盆栽，种着紫色的植物。于是，刘先生请教对方说："好漂亮的盆栽啊！平常似乎很少见到。"

"确实很罕见。这种植物叫嘉德里亚，属于兰花的一种。它的美在于那种优雅的风情。"陌生人从容地解释道。

"的确如此。会不会很贵呢？"刘先生接着问道。

"很昂贵。这盆盆栽就要800元呢！"陌生人从容地说。

"什么？800元……"刘先生故作惊讶地问道。

刘先生心里想：芦荟精也是800元，大概有希望成交。于是他慢慢把话题转入重点："每天都要浇水吗？"

"是的，每天都要很细心地养育。"

"那么，这盆花也算是家中的一分子喽？"

陌生人觉得刘先生真是有心人，于是开始倾囊相授所有关于兰花的学问，而刘先生也聚精会神地听。

过了一会儿，刘先生很自然地把刚才心里所想的事情提出来："太太，您这么喜欢兰花，一定对植物很有研究。您是一个高雅的人，同时您肯定也知道植物带给人类的种种好处，带给您温馨、健康和喜悦。我们的天然食品正是从植物里提取的精华，是纯粹的绿色食品。太太，今天就当作买一盆兰花把天然食品买下来吧！"

结果对方竟爽快地答应了。

刘先生从植物出发寻找相似点，成功找到沟通的突破口。在我们进行沟通，迟迟打开不了局面时，也可以试着像刘先生一样，用双方的相似点做敲门砖，拉近彼此的心理距离。

在寻找相似点时，我们可以遵循以下几个原则。

1. 掌握对方尽可能多的信息。

有的时候，我们始终找不到相似点，并不是因为两个人真的没有一点相似，而是由于我们所掌握的关于对方的信息太少。因此，我们需要耐心地倾听对方的讲述，引导对方多说一些关于自己的事。如果有机会，我们最好在沟通前做好对方的"背景调查"——提前准备好过临时着急。

除了从对方的语言中获取信息，还可以观察周围环境来捕捉信息，如同这则故事中的刘先生，注意到了顾客养的盆栽，从而了解到对方喜爱盆栽，灵机一动，找到了相似点。

2. 做好足够的铺垫。

铺垫很重要，直接转折到自己要说的话题会很突兀，我们必须在相似点和话题之间找好衔接。

3. 结束时再次回到相似点的话题。

结尾的时候我们需要再次点题，重新谈论一下相似点，加深对方的好感。

突出“共同目的”，减少对方的戒备心理

有些时候，我们在与对方沟通时会出现尴尬的局面，或是不得不终止的情况，是因为两个人的目的不同，因此交流越多，越会发现对方与自己的分歧。

周末到了，茜茜和老公刘阳商量要干些什么……

茜茜：“老公，陪我出去逛街吧！”

刘阳：“不要，好不容易到周末，我要在家看电影。”

茜茜：“你就不能陪陪我吗？”

刘阳：“我在家陪你，不是一样吗？”

两人都有些不高兴，这个时候，茜茜可能已经意识到，刘阳说要在家看电影，未必就是他的真实目的，她试着去做更深一步的沟通。

茜茜：“老公，你为什么想待在家里看电影？”

刘阳：“今天是星期六啊，外面那么多人，又吵又挤。”

茜茜：“噢，就是你想在安静人少的地方待着是吗？”

刘阳：“对，累了一个礼拜，我想休息会儿。”

茜茜："那你知道我为什么想出去逛街吗？"

刘阳："为什么？"

茜茜："因为我觉得老在家里待着，有点憋得慌，出去走走可以透透气。"

看到这里，我们已经对茜茜的真实目的了然于胸，茜茜的表面想法是逛街，真实愿望是出门散心透气；刘阳的表面目的是在家看电影，真实目的是在安静人少的地方休息。那么，他们很容易沟通出彼此都满意的结果。比如，开车去城郊的风景区逛一逛，满足双方的真实目的。在周末做什么这件事上，这对夫妻的真实目的并不冲突。但是有时候，双方的目标的确是南辕北辙的，那该怎么办？

下面有几个方法在寻找和建立共同目标上比较常用。

1. 在听到别人与自己意见不一致时，先不要着急去找证据反驳。

我们应该站在对方的角度去思考他为什么这么想，然后寻找一些合理性，在某些闪光点上肯定对方后，再提出自己的一些疑虑，而不是用直接否定的方式。如此一来，对方不会把你当作对立的一方，而是双方都站在同一立场寻找某个问题的优劣点。

2. 创造新的共同目的。

如果你无法百分之百认同对方，那么可以选择创造双方共同的目标，深度挖掘对方没有想到的内容。

3. 掌控沟通的节奏。

主动沟通往往比被动沟通的效果要好，在开展一次沟通时，尽可能与其他人建立沟通，并将需要确定的问题一并梳理，随后归纳总结，分析共同点。

适度“自我袒露”，赢得对方信任

通常来讲，对于关系越亲近的人，我们越愿意将自己的事情主动进行分享。但是，对于关系一般的人，我们会表现得较为谨慎。这种自我袒露是彼此信任的象征，代表一种亲近的友好。

有些沟通高手会利用这种“自我袒露”的方法向对方表达诚意，主动示好，拉近关系，最终达到取得信任的目的。这种方法在沟通遇到不顺时尤其能发挥作用。

丁佳佳从事律师工作已 12 年，经手过很多离婚官司，最近她又接手了一桩离婚官司。当事人是一位 40 岁左右的女性，因为老公出轨的问题，和老公走上了离婚的道路。

“可以谈一下诉求离婚的原因吗？”

“都是因为他们公司那个女人，仗着自己年轻漂亮，勾引我老公。我辛辛苦苦经营小 20 年的婚姻，都被这个女人一手破坏了。”

“你是什么时候发现老公出轨的？”

“两个月前。”

“对于财产和孩子，你是怎么打算的？”

“孩子肯定跟着我，至于财产，我要让他净身出户！”

“您的心情我能理解，但是净身出户这件事基本不可能，除非对方自愿，我来跟您谈一下以往的案例……”

“你不用跟我谈！我发现你这个人怎么这么冷血，同样是女人，都不帮女人说话。"

"我能明白您的难过，我也会为您争取最大限度的利益。"

"别说了，我看你跟那些女人一样，全都不在乎婚姻和感情，只在乎钱，像你这种事业型的人，不会理解我突然失去顶梁柱的痛苦！"

"我真的能理解，不是敷衍您，假装和您站在一边。其实，两年前，我也离了婚，看到您现在经历的痛苦，就如同我当时经历的一样。当时那种背叛和撕心裂肺，我到现在还记得。真的，我希望能帮到您。"

听到丁佳佳这番话，客户停止了发火，用同病相怜的眼神看着丁佳佳。

"真的不敢相信，你会对我说这些，谢谢你！你需要我提供什么资料，我一定尽力配合！"

客户遭遇了丈夫的出轨和婚姻的失败，心情跌到低谷，心理上变得不容易相信别人。丁佳佳正常的沟通在客户看来是"冷血"，如果丁佳佳在这个沟通的节点还坚持进行解释，只会让已经产生防备意识的客户更加反感和抵触。这个时候丁佳佳表现得很聪明，她运用了自我袒露的策略，主动告诉女人自己也曾经离婚的事实，瞬间赢得了对方的信任。

有些朋友承认自我袒露策略的效果，却不敢轻易尝试，原因是怕自己把握不好自我袒露的适度原则。的确，自我袒露并不难，难点在这个"度"字上，如果袒露得太多或不合时机，就会给人一种"交浅言深"的感觉，让对方觉得很不舒服，起到沟通的反效果。

下面是我们在运用自我袒露时要注意的三个问题。

1. 自我袒露前必须严格评估。

有些自我袒露虽然是根据沟通形势临时决定的，但绝对不是率性而为的结果。自我袒露前，我们必须对即将袒露的内容以及对方的身份做一番客观且严格的评估。当我们无法了解对方到底有什么用意，背景是什么时，一般不要将自己的隐私，如财产状况、疾病情况等和盘托出，以免造成对自己的伤害。

2. 选择合适的自我袒露时机。

选择自我袒露的时机也很重要，自我袒露的目的是改善沟通的现状，因此一般是在我们无法打开局面，对方对我们持不信任态度，彼此间较为陌生时，我们适度地进行自我袒露。但是自我袒露不是用在沟通的任何时机都可以，如有的人也希望在沟通一开始就获得信任，立刻采用自我袒露，这非常不礼貌，让人感到很唐突，会产生“这个人很莫名其妙”的认识。

3. 承受自我袒露的不确定性。

自我袒露伴随着不确定性。对方在我们自我袒露后的反应，是我们无法决定的。像这则故事中那个离婚客户突然转变态度，从抵触变成合作，是一种很理想的情况。也有其他可能，是在我们自我袒露后，对方无动于衷或是收效甚微。我们要接受各种可能性，不要产生自我袒露后的心理落差。

进入“教练位置”，用温暖的方式看待对话

在一段狭窄的单向运河上，一名德国船夫发现一艘船正在以很快的速度向他驶来，似乎在追赶他。这名船夫是被许可过的，他可以使用这段河道，而且他已经行驶了好几公里了。船夫非常愤怒，他跺着脚，喊叫着，朝驶过来的船挥手，对船一瞬间完全挡住了河道。突然，船夫意识到，驶来的是一条被遗弃的船。船上没有人，听不到他的咒骂。

船夫的怒气立即消了，他发现自己的内心完全平静了下来。他跟随自己情绪的转变，开始自嘲，他注意到自己的放松，注意到自己在这种情况下感受上

的巨大不同：怎么能对一条空船大发雷霆呢？

教练位置，指的是在对话过程中，我们能够经常把自己从观点的牵扯中抽离出来，教练就是那条空船，从中立的观察者的角度去看、去聆听。从这个视角出发，将对话看作一个整体。这样会让对方更加舒适，同时他们也会对自己的内在对话更加好奇。真正的聆听，需要我们跳出对话伙伴及其思维、沟通模式的所有假设和狭隘的推断。投入教练位置，能够让我们获得长远的视角。当我们的身体表现出开放和好奇的时候，谈话的对象就会放松下来。

你可以通过转换某种身体姿势来有效地设置一个教练位置。比如，深呼吸，或者通过视觉想象的方式完成，如在脑海中看到自己转换到观察者的位置。有些人会想象自己穿上特别的教练位置的服装，换上某种颜色的衣服，或是戴上帽子。还有些人会从旁边的摄影机的角度来观察整个对话。

在教练位置上，我们支持对方放松下来，去面对关键的问题，找到大的画面，并扩展固有的观点，建立系统化的视野。最重要的是，对方通常会跟随我们放松下来。当我们身体处在综观全局的角度，意味着教练开始用不同的方式来体验对话，就像交响乐团的指挥在音乐的步伐里放松，身体随乐团演奏而变化一样。在教练位置上，教练开始用新的眼光看这个人，并注意到当下可用的资源。简言之，教练用一种温暖的方式来看待对话，无论对方的内在程序是什么，要从各个方面注意到这个人是好的。

教练位置在亲和关系中非常重要，因为只有人们跟你一起，感受到真正的放松时，他们才能够进入有意义的对话。教练要做的，除将客户内在的才能释放出来外没有别的，因为客户自己已经拥有成功所需的所有资源。

在教练位置上，你会从对话之中抽身出来，从一个拥有资源的、中立而好奇的角度来观察。这个位置是从长远的价值出发的，而对方也会放松下来，找到这份长远的价值。

总的来说，建立亲和关系从而建立信任，这是转化式对话的基础。虽然还有很多建立亲和的能力可以去学习，但是亲和的建立取决于你的意图。

如果你的目的是拉着对方跟着你的议程走，他们会感到紧张、不自在，有力的对话就不可能发生。如果没有真诚的亲和关系，跟对方真正去对话就会非常困难，就像穿着铅做的鞋子奔跑在流沙上一样。

反过来说，当你带着尊重、温暖、开放的心，真诚地希望支持对方的议程时，他们就会感到轻松。当你的支持让对方放松下来，深深地信任你的时候，他们就会很自然地转向真正重要的话题，在自己的内心深处找到更多的信息，获得更深的洞见。

当两人或多人间的沟通达到最好的效果时，可以说他们进入了一种流动状态，共享同样的思维，达到了和谐的状态。

进行鼓励，让对方感受到自己的"价值"

鼓励是一种改善沟通氛围很好的办法，人们听到鼓励后的反应，普遍是心情变得愉悦，感到自己被重视、被肯定。因此原本尴尬、紧张的沟通氛围有可能因为一句鼓励而悄然转变，但是有些人却看不到鼓励在沟通中的重要作用，选择了另一种方式。

一位部门主管在与下属沟通工作上的事情。

"营销方面还需要继续跟进，我们即将在下周三投放的广告，一定要提前做好测试。"

“知道了，经理。”

“别光说知道了，也谈谈你对营销的看法。”

“我认为现在我们主要采用的是电视媒体合作的策略，我们也可以考虑用一些现在比较流行的直播方式，吸引更多受众……”

还没等员工说完，经理就打断了他的话：“你能不能有点见地！比起当年的我真是差远了！用直播只会拉低我们产品的身价，而且凭借我们前一款产品的成功，根本不需要通过直播来拉动销量。你看问题还是太简单、太幼稚了！多跟其他同事学一学，别总是看直播火，就一冲动做直播！”

“好的，经理。”员工说完后退出了主管的办公室。

“只会批评别人！打压别人的想法！”员工小声嘟囔了一句。

经理用否定的方式沟通，以证明员工的见识短浅，自己的观点更正确，这种沟通对话的情况我们经常能遇见。在经理这边，员工听不到任何一句鼓励和表扬，自然也就不能获得自我价值的肯定。我们发现，很多员工之所以离职，不是因为工资待遇的问题，而是因为精神层面上一直受到来自领导的打压，在沟通中受到排挤。如果这位经理能够在沟通中用下面这种表达方式就好了。

“你能有这种创新的思维真的很不错，变革的思想在任何时候都非常宝贵，虽然这次我们已经在电视媒体投放了广告，但是在其他产品的推广上，直播方式是值得深入探讨的！”

这么一说，相信员工肯定会受到鼓舞，感受到自己提出的建议有价值，自己的付出对公司有帮助。调查发现，很多人都希望在沟通中听到鼓励的话语，当一个人被认可、被肯定，他更愿意继续沟通下去。

下面是三种常用的鼓励方法。

1. 启发式鼓励。

用问句的形式进行鼓励。例如，询问“你觉得如何？”“你可以说说你的看法吗？”让对方充分表达自己的看法，在沟通中建立主人翁意识，让他看到自身的价值。

2. 描述式鼓励。

这种鼓励方法的重点在于点明对方的特别之处。例如，向对方说：“我看到你用自己的方式做好了这件事！”“能在关键时刻想到这个办法，太让人意外了。”让对方感受到自己被看重，自己的价值没有被忽视。

3. 赋能式鼓励。

传递正能量的鼓励方法就是赋能式鼓励。例如，一般这么表达：“我非常看好你！”“我为团队里有你这样的人感到骄傲！”这种鼓励方法从鼓励一个人具体的某件事，上升到鼓励这个人某方面的价值，可以让对方更加愉悦。

真诚赞美，满足对方的心理期待

赞美是一种美丽的语言，是沟通的融洽剂，正所谓“良言一句三冬暖”，人们喜欢听到别人对自己的赞美，尤其是发自内心的赞美。试想一下这个场景，如果两个人在沟通中一直互相攻击，不断使用负面信息去评价对方，那么沟通永远处于一团糟糕的乌云之下，如果此时其中一方打破僵局，真诚地赞美对方一句，相信沟通的氛围会立刻得到改善。

小张因为业务需要，经常要往季总的公司跑，可是季总的秘书小王总是说季总很忙，不是开会就是出差了。

因为去的次数多，小王都认识小张了，但是无论小张怎么套近乎，王秘书都是用一套合理的说辞挡住小张。

有一次，小张又来拜访。

“王秘书，今天季总在吗？”

“在的，不过他在和几个部门主管开会，4点开完会就马上要去机场了。”王秘书看了眼手表继续说，“恐怕今天你是见不到了，要不你改天再来吧。”

“没事，我在这继续等等吧，万一季总会议结束得早，我还能插空见上一面。”

“行，你等吧。”王秘书没好气地说。

小张没有闲着，一边等一边和王秘书闲聊，可是王秘书总是冷淡地回答。

忽然，小张看到王秘书桌上的一盆兰花。指着问道：“这盆兰花是你养的吗？”

“是的，养了得有四五年了。”

“那时间够久了！”

“是啊！这期间差点有一回死了，被我抢救回来了。”

小张察觉到王秘书眼神中有一种骄傲和自豪之情，于是他马上说：“我有一位朋友也喜欢研究花，我从他那儿知道，这种兰花特别不好养。你在养花方面真是太厉害了，看来对花草很有感情。”

“哪里哪里，养花养草都是为了赏心悦目，不过我确实花费了不少心血。想不到你也懂花啊。”

这时王秘书接到一个电话，季总通知她准备车。挂了电话，王秘书赶紧跟小张说：“你快去吧，季总一个小时后出发，而且现在愿意接受拜访。祝你好运！”

“谢谢！”小张高兴地向季总办公室走去。

小张对兰花的赞美，让王秘书倍感意外也格外受用，最后她还主动告知小张可以去找季总，可见赞美发挥的巨大作用。但是我们要做到会用赞美，而不是滥用赞美，在实际沟通运用中需要注意以下几点。

1. 赞美需出自真心。

不是出自真心的赞美与溜须拍马、阿谀奉承没有任何区别。虚假的赞美只能伪装一时，不能通用一世，当虚假的赞美被识破时，沟通更是会收到反效果。

如果我们不能做到真心赞美，尽量不要假装自己很真诚，因为表情和动作也可能会出卖你，倒不如坦诚相待，说出自己的实际感受。

2. 赞美尽量做到“言之有物”。

何为“言之有物”的赞美，举一个很简单的例子。

“你真是一个了不起的人！”

“你的速度是别人的三倍，真是了不起！”

前者很空洞，只是用形容词来表达对别人的赞美，但是如果我们能赞美对方身上具体的一个点，或者发生的一件事，会显得更加真实，这样的赞美也给人的印象更深刻。有句话说得好“细节决定成败”，对细节的赞美也能起到事半功倍的效果。

3. 赞美要与众不同。

这是对赞美更高一层的要求。例如，别人都在夸奖一个人演讲时的口才好，这时候如果你赞扬他其中一个案例用得巧妙，虽然表扬的点不会那么“高大上”，却给人一种耳目一新的感觉，让受表扬者感觉到自己是“独具慧眼”的。

安全阀效应：允许对方宣泄自己的观点和情绪

“安全阀效应”是组织行为学上的一个名词，指的是人们将自己的不同观念以及情感情绪进行宣泄，然后达到心理上的平衡，这种做法既有利于个人的身心健康，也有利于解决组织内部的矛盾和冲突。

我们在沟通中也常常使用“安全阀效应”，来让对方宣泄自己的观点和情绪，让对方尽情倾诉后，回归到理性中，两个人再正常进行对话。

请看下面两种沟通情景。

“女儿，你的同桌学习那么差，你可以主动帮助他，但是别跟他学坏，他要是带着你上课聊天、看小说，你千万别答应。”

“可是……”

“可是什么，我说的话你要听。别总想着找理由反驳！”

“他其实没有你们想得那么差。”

“你还替他说话了，你是不是已经跟他学坏了？”

“我跟他做朋友，怎么就是学坏了。”

“总之，你听我的。你就跟他保持距离，不听我的有你吃亏的时候！”

“行了，行了，别说了！”

“女儿，听说你的同学学习有点差，我不是反对你和学习差的学生成为朋友，只是会担心你的学习受到影响。”

“不会的，妈妈，您放心，我的同桌虽然学习差，但是人真的很不错。”

“是这样吗？我听到你老师不是这么说的。”

“你和老师他们一样，都对他有偏见！”

“好的，好的，别生气，可能妈妈没接触过他，不像你观察那么细致，那么你和妈妈说一下他在你眼里是一个什么样的人。”

“你们不知道，有一次，他帮了我……”

孩子将自己的心里话都说了出来。

同样都是与孩子沟通人际交往的事，第一位家长一直在主导谈话，在沟通中表现得很强势，全程都在将自己的观点灌输给孩子，不给孩子表达自己的机会，以致最后孩子强烈表达不满的情绪。第二位家长则不然，他虽然也略微强势，但是在他感受到孩子有一点负面情绪后，马上调整了策略，开始引导孩子说出心里话。第二位家长采取的方法就是典型的“安全阀效应”。

情绪是有临界点的，如果一直被克制和压制，迟早会有爆发的那一刻，如果对方真的爆发了，我们就很难着手处理了，不如提前进行干预，利用“安全阀效应”，在临界点到来之前，就让对方积极进行宣泄，把观点和情绪都表达出来。

那么，如何运用好“安全阀效应”呢？

1. 交替表达，留给对方机会。

良好的沟通有点类似于对弈。两个人对弈，必然是一方落子，另一方再落子，交替进行，章法可循。沟通也是一样，需要两个人都拥有表达机会，轮流发表观点，才能持续下去。

我们不能只顾自己表达，也要适时将表达权交给对方。

2. 表明态度，打消对方顾虑。

在让对方进行表达时，需要直接表明我们的态度，例如下面的表达：

“看得出你有一点不高兴了，你可以告诉我为什么吗？我很想听一听，请放心，我不会生气。”

这么做的目的是让对方了解，我们希望倾听的愿望，彻底打消对方的担心和顾虑，将最真实的一面展现给我们。

3. 积极反馈，回应对方的观点。

在对方表达完自己的观点和情绪后，我们必须有所回应，不能无动于衷，否则我们使用的“安全阀效应”就前功尽弃了。不论是表达反对还是体现支持，我们都要积极地进行反馈和回应，让对方感受到自己刚才的表达是值得的。

及时安慰，帮助对方抒发心中郁结

先来看以下两种对话模式：

领导：“你最近的表现可不太好啊！”

员工：“可是我已经尽了最大努力了。”

领导：“努力？我怎么看不出来你在努力。”

员工：“我难道不是在工作吗？”

领导：“你怎么能用这种态度说话？”

员工：“那你要我怎么说呢？”

领导：“你太自以为是了，这就是你的问题所在。”

领导这样对员工说话，很容易让员工产生不满，甚至产生敌意，不利于以后工作的开展和公司的团结。但是如果领导换一种说话方式，效果就会完全不同了。

领导："你最近的表现不太出众啊，这可不像是你的作风。"

员工："我已经尽力了……"

领导："是不是有什么心事？"

员工："实际上……我妻子住院了！"

领导："是吗？你怎么不早说，家里出了事理应多照顾，要不就先请几天假，好好在家照顾一下病人。"

员工："好在目前已经没有什么大问题了。"

领导："噢，那就好。如果有什么困难尽管来找我。"

很显然后一种领导的说话方式充满了安慰和鼓励，让人听起来更加舒服且易于接受。我们在沟通中也可以多使用安慰技巧。

当身边的人遇到困难和苦恼时，你会手足无措吗？我们会放松压力，分享快乐，却很少有人会安慰人。当周围的人遇到伤心事时，我们只能在旁边默默伤心，却无法为他减轻痛苦。其实，安慰人并不是一件多难的事，在这里就教大家几招，下次再遇到朋友哭诉，就可以减轻他的悲伤了。

1. 要倾听对方的苦恼。

由于生活体验、家庭背景、所受的教育等不同，形成了每个人对于苦恼的不同理解。因此，当你试图去安慰一个人时，要先理解他的苦恼。安慰人时，听比说重要，一颗沮丧的心需要的是温柔聆听的耳朵，而非逻辑敏锐、条理分明的脑袋。

聆听是用我们的耳朵和心去听对方的声音，不要追问事情的前因后果，也不要急于做判断，要给对方空间，让他能够自由地表达自己的感受。

2. 言语沟通很重要。

安慰其实是一种分享，只需要向对方显示自己的存在和陪伴，敢于说出自己面对别人痛苦时的感受。如果对方出现的痛苦是你曾经有过的，你可以把自己的经历说出来，再说出自己是怎么走出来的。告诉对方："只要你需要我的陪伴，就可以打电话给我。"

3. 安慰人要"看人下菜碟"。

沟通时要做到知己知彼，一定要了解对方的特点，选择合适的安慰语言。如果他是一个内心有一点自卑的人，那他会对朋友的正面评价持一种否定和质疑的态度，也不太相信鼓励。此时，就要换一种适合他的安慰方式。

4. 要接纳对方的世界。

安慰人最大的障碍常常在于安慰者无法理解、体会、认同当事人所认为的苦恼。由于对他人所讲的"苦"不以为然，安慰者容易在倾听的过程中产生抗拒，迫不及待地提出自己的见解。安慰者需要放弃自己根深蒂固的观念，承认自己的偏见，真正站在对方的角度去看他所面临的问题。

利用"对比法"，重建安全沟通的氛围

在沟通过程中，如果对方对我们有所误解，我们可能会发现自己越极力地进行解释，对方的误解越深，沟通的氛围也随之越来越恶化。

消除误解也是有技巧的，向大家推荐一种使用效果不错的"对比法"。对比法包含两部分内容：否定部分：打消对方认为你不尊重他们或要对抗他们的误会。肯定部分：确认你对他们的尊重，明确你的真实目的。比如，同事的报告中有一处数据引用有错误，你指出来了，同事的脸色变得非常难看，似乎认为你在故意

给他难堪。这个时候你可以用对比法来做出解释，消除误会。

“我不希望你认为我觉得你的报告不够好，我是在故意找茬”（否定部分）

“正好相反，我认为你的报告非常专业，观点也很独到。只是这个数据引用上有一些小瑕疵，但不妨碍你报告的专业性。”（肯定部分）

这样一来，安全警报解除，对方会放下戒备，双方就可以继续沟通了。

在对比法当中，否定部分相对更加重要，因为它解决的可能是会让安全感消失的误解问题。也就是说，先说明你内心不希望出现的状况，打消对方的疑虑和误会，让沟通的安全感重建之后，再表达自己的真实想法，使对话得以继续。

道歉和补偿，打破沟通僵局

不知你有没有遭遇过沟通僵局：由于观点不一致，或是一直无法取得进展，两个人面对进行到一半的沟通，都突然感到不知所措，不清楚该如何扭转局面，重新回到沟通的正常轨道。此时此刻，两个人都希望对方能主动打破僵局，但是这种被动的等待往往会让僵局无限延长。

如果我们想改善沟通氛围，必须放弃这种期待和希冀，让自己做那个主动和勇敢的人。

北京和上海都即将举办生活用品展会，但是由于时间上有冲突，只能选择去一个地点参加展会，于是经理让余真和王莉商量出一个方案。

余真首先表达自己的观点：“北京和上海相比，我认为上海更好一些，上海地处长三角，我们公司正要向长三角几个城市拓展业务。去上海的同时，也能考察周围的业态。”

王莉则提出了反对意见：“上海是很重要的一个城市，但是据我所知，这次北京的展会规模是上海展会的三倍，参展商的级别也比上海的要高出很多。因此我们不能放弃北京这次展会的机会，参加北京展会，会为公司带来更多机遇。”

两个人你一言我一语地针锋相对。

突然，余真说了一句：“总之，我选择上海的想法是怎么也不会改变的，你是说服不了我的，要不然咱俩就让经理评一评。”

王莉也不甘示弱：“我也一样，不会改变初衷，说到现在你也没有一句话能打动我。”

两个人说完之后，都开始不说话了，气氛陷入了僵局。

在这种寂静的尴尬中，两个人都异常难受，余真突然想到以前看过的一句话：“勇敢的人先道歉。”于是她主动打破僵局，对王莉说道：“真是对不起，我都是在我的角度上想问题，其实刚才我试着从你的思路去考虑，选择去北京也很有道理。”

面对余真坦诚的道歉，王莉也说：“其实咱俩都没有错，这个问题只是看如何选择。”

最后，余真和王莉继续沟通，决定这次去参加上海的展会，下半年再参加北京的展会。

余真首先勇敢迈出一步，向王莉表示歉意，沟通的僵局得以被打破。

我们要警惕一种沟通习惯上的冷暴力，一旦沟通不顺畅、不理想，就选择用沉默和回避来进行冷处理，长此以往，会形成一种冷暴力习惯，在恶性的沟通模式中一直循环，伤害身边的人，我们必须避免让自己养成这种恶习。

退一步海阔天空，忍一时风平浪静，沟通的好氛围需要两个人共同努力营造，而不是将所有问题都让对方扛。我们主动进行道歉和补偿，不代表咽下委屈和不甘，而是从沟通的大局观出发，寻求两人的和解。

要想做好道歉和补偿，需要注意以下几点。

1. 驱除伪道歉，回归真诚姿态。

有一种道歉看似道歉，其实是披着道歉的外衣在为自己进行辩解，这种道歉很有伤害性。例如，我们常见到的下面的表达。

“不好意思，我知道我有一点绝对了，但是你也不应该那么说！”

“这事就算是我想偏了，但都是因为你那么说我才想偏的。”

对方如果听到这样的话，不仅不会消气，情绪反而会更加激烈。因为这种道歉不能称之为道歉，每个字都是在诉说自己的原因。如果我们想要道歉，一定要避免这一点，用真诚的态度来代替。

2. 道歉必须在平等的基础上进行。

我们虽然选择用道歉来缓和气氛，但是不代表我们要用乞求和卑微的姿态，用贬低自己和讨好对方的方式来道歉，这种道歉一般都不以事实为根据，是以对方想听什么来设计的。

这种谄媚姿态的道歉，换来的只会是后面沟通的不平等，不是我们应该采取的方式。道歉必须在平等的基础上进行，否则就没必要继续下面的沟通。

3. 承诺必须兑现，否则会起到反效果。

我们有时在道歉中，向对方做出一些承诺，这些承诺可能是为了当时的沟通形势有所转变，但是承诺必须在事后兑现，否则会影响我们的个人信用。

CHAPTER 08

第八章

处理冲突，找回沟通的和谐状态

冲突理论：人们总是夸大了冲突的实质

每个人都希望学习如何面对和处理沟通之中大大小小、层出不穷的冲突。这也是沟通中较为重要的一课。在学习技巧之前，先让我们了解冲突的本质到底是什么。

20世纪40年代中期，帕森斯教授等学者认为冲突是一种“病态”现象，影响健康社会的存在和发展，因此他们的研究方向是消除冲突的机制。直到20世纪50年代中后期，一些社会学家开始对帕森斯教授有关冲突的理论持怀疑态度。美国社会学家科瑟尔从多角度看待冲突，他认为冲突具备正功能与负功能两种，随着对冲突研究的继续深入，越来越多的学者更加客观理性地看待冲突，试图从社会的方方面面解释冲突本身。

可以说，在研究领域里，冲突是从20世纪50年代被“正名”的。现实生活中，人们对冲突的观点也不一致。怀着对沟通冲突的不同理解，每个人针对沟通冲突的处理措施也不同。

双梅与小辉结婚已经三年了，但是有一件事让双梅很郁闷。那就是每当两个人有矛盾分歧时，小辉总是千方百计地回避争吵的发生，试图用冷处理的方法来应对。

这让双梅感到十分憋闷，一腔怒火积压在心中，无处发泄。她曾多次问小辉，为什么要这么做。小辉解释说，争吵会伤害两个人的感情，最好不要争吵。双梅和小辉说了很多次，小辉依然不为所动，坚持自己的观念与做法。

终于有一天，双梅忍无可忍，在小辉面前摔坏了玻璃杯，她的情绪已经压抑到了极点，终于在那一刻爆发。

持“冲突有害论”的小辉选择暂时回避沟通的分歧，但是这并没有彻底解决问题，而是像鸵鸟把头埋进沙里一样自欺欺人，反而让两个人感情的裂痕越来越深。

我们必须正确认识冲突，既不夸大也不贬低，全面、客观地看待冲突，才能找到合适的途径面对冲突，解决冲突。

首先，冲突必须在沟通过程中发生，既不能在事前也不能在事后。在沟通进行中，冲突是两个人产生的观念上的明显分歧，表现形式为语言上的较量和对抗，甚至在情绪上也有对立意识产生。例如，两个人在谈第二天出差的安排时，一个认为该买早上的动车，而另一个认为开车到目的地更自由，这两个人由此产生矛盾，并争论不休，这就是冲突。如果一个人在事后才表达自己认为对方当时的想法不妥，这种则不能成为冲突。

其次，冲突必须发生在至少两个人之间，如果只有一方感到观点不同，而另一方丝毫没有察觉，则不能看作冲突，冲突双方甚至多方必须都感受到冲突的存在，才能视为发生了冲突。

再次，冲突带来不愉快的情绪体验。由于冲突是矛盾的体现，它伴随着负面的情绪体验，即两个人在冲突中会感受到自己情绪的变化，有可能以愤怒、伤心、恐惧等形式来表现。无论哪一种情绪都只能尽量被减小，但是不能完全被消除。

最后，冲突包含互动的影响。冲突的双方总是处于影响与被影响的角色置换中，有可能是两个人都试图说服对方，或是让对方接受自己的观念，等等。双方都是努力将影响力作用在对方身上，并不断扩大这种作用。

由此可见，冲突在沟通中也是一种常态现象，有它自身的特点，我们尽量避免特殊化或妖魔化冲突，不应该把它区别对待。由于每个人思维、经历都不同，观点不同再正常不过，世界上没有两朵一模一样的花，世界上也没有两个思维始终一致的人。

只有我们正确看待冲突，既不看轻冲突，也不看重冲突，以一种平和的态度对待它的发生、发展和结束，我们才能更好地学习。

争论的误区："真理"并不总是越辩越明

一些朋友持一种观点，"真理只有越辩越明"。这句话本身没有问题，但是很多时候我们争辩的内容不能划分为真理的范畴。真理必须是客观存在的，不以人的意志为转移，如喜马拉雅峰的高度，冰是水的固态形式，夏至那一天北半球日照时间最长，等等。这些都属于真理，当大家为这些争辩时，很容易取得结果。

但是有些看似是真理的辩题，即使花的时间再长、精力再多，可能也很难统一沟通双方的思想，如到底是单身更幸福还是步入婚姻更幸福，是选择创业还是打工就业，是宅在家里好还是出去走四方好。关于这些问题的讨论，"公说公有理，婆说婆有理"。问题的两个分支本身是没有对错优劣之分的，只有个人情感倾向的不同。

王亚东马上要进入大四了，面临着考研或是找工作的选择。一天，王亚东在宿舍里，大家偶然谈到各自未来的计划。

舍友 A："我打算考研究生，今年就业形势这么差，出去找工作要是找到一个工资低又不喜欢干的工作，毕业后的第一步可就被毁了，还是考研稳妥一些，沉下心来学习，等三年后再寻个好时机。”

舍友B：“你这想法等于是逃避，万一三年后你研究生毕业找工作时也没有好机会呢。机会不是等来的，是自己创造的，我们还有一年时间毕业，完全有时间做准备工作，多去找公司实习什么的。”

舍友A：“不对，研究生什么时候都比本科生就业形势好。”

舍友B：“可是你真的喜欢读研吗，不是吧，你纯粹是逃避就业压力，这么逃避下去，好机会也不会轮到你。”

这时候，王亚东劝解说：“你们说得都没错，也别想一方能说服另一方了，继续讨论下去没什么意义。”

像舍友A和舍友B这样的争辩，就很有可能没有结果，因为考研和找工作是两条备选的路，没有对错，不论是考研，还是找工作，都是不错的出路。

如果不想走入争论的误区，也就是不必非要辩出一个“真理”，我们需要转变一下观念。

1. 不要把自己的观点视为真理。

沟通的双方可以各持自己的观点进行讨论，这些都是有益的尝试，但是不能将自己的观点看作真理，而把对方的观点看作谬论，如果我们提前将这些观点贴上标签，那么我们在表达时也处处展现了评价上的绝对。例如下面的语句：

“你的思路一定是错的。”

“这件事很清晰，我做的选择印证了我的正确。”

“早晚有一天你会明白！”

不如换成下面的表达：

“可能从我的角度来看，你选的方法有一些缺点。”

“或许讨论得还不全面，不过就目前掌握的情况，我的选择还是基本符合预期的。”

“哪一种可能都好，我们都希望时间来印证。”

2. 不要对结果过于执着。

不是每一种争辩都必须有结果，争论本身就能让沟通双方接受多种思想的洗礼。如果我们过度执着于结果，就会忽略争论内容本身，变成了为争论而争论。例如下面的表达：

“你爱信不信，我肯定没错！”

“你没错难道是我错了，那么多人都认同我，轮到你就这么执拗！”

“我当然没错，难道这么多年的书我白读了？”

看到这些你就会发现，对于结果的过度执着变成一种情绪上的对抗，甚至演变成人身攻击。这已经不是友好、正常的探索了。因此，我们应该放开思路，允许别人拥有新想法。

对恐惧的恐惧，会让冲突恶化

有些朋友直言，他们之所以害怕沟通中的大小冲突，是因为担心和害怕“恐惧”情绪的产生和发展，他们不能接受自己不受控制的情绪状态，更不能接受自己在这种情绪面前展现出的无能为力。

秋林因为工作的事，在沟通时与同事鹏飞有了分歧。鹏飞据理力争，让秋林无力招架。

“在这个方案上，已经有很多经验证明了，用这个测算方法是行不通的。”

“怎么行不通，我也是找了依据的！”

“你的依据站不住脚啊，你看这个地方。”

秋林看到鹏飞指出的那一处，果然有一些问题，他马上慌了，不可抑制地涨红了脸，手心紧张到冒出冷汗，紧张、恐惧的情绪蔓延至全身。

“你看，这里应该用的测算公式应该是另一个……用那个公式更好……”鹏飞没注意到秋林的异常。

此时的秋林大脑一片空白，完全听不到鹏飞到底在说什么，只认为他字字句句都在针对和指责自己。

秋林的情绪马上就要崩溃，他“慌不择路”地对鹏飞大声喊道：“你都要换到新公司了，还在这里显摆自己的能力干什么！”

要换公司的秘密，鹏飞只告诉了秋林，这句话一出，周围的同事包括经理都听到了。秋林话一出口，也是非常后悔。鹏飞看到秋林说出了自己的秘密，愤然离开。

面对自己奔涌而出的负面情绪，秋林毫无招架之力，因为他的一句话，秋林与鹏飞之间，由一个工作上的小分歧，变成了两人的友情出现裂痕，这种糟糕的结局恐怕也是秋林不想看到的。

我们越害怕冲突，越害怕冲突中的负面情绪，就越会选择逃避和放任。这种消极的处理方式，会让我们一生都学不好如何妥善处理冲突。想要学习处理沟通冲突的技巧，首先应该从源头上厘清情绪，然后合理地接受自己有可能产生的各种负面情绪。

当冲突发生后，一个人出现生气、伤心、苦闷等负面情绪十分正常。这些都属于情绪的正常反应机制，证明我们的心理属于正常的状态。负面情绪产生后，我们需要做的是接纳，如我们想要与对方大吵一架的冲动、我们忍不住想流泪的难受，还有我们身体的各种反应，等等。越是压抑，情绪的反应越激烈，我们应该顺应情绪的发生。

当我们理解自己的负面情绪后，会发现再采取应对措施就没那么难了，情绪也不再像之前那么难驯服、难管理了。

那么我们如何与自己的负面情绪“和平”相处呢？

1. 直面情绪本身，告诉对方自己的感受。

我们首先要转变对情绪的某些观念，一直认为正面情绪是好的，负面情绪是不好的，其实各种情绪的产生都是正常的，情绪本身没有好坏，只有情绪产生后处理上的优劣。聪明的人不会在负面情绪产生后，告诉自己“太糟糕了”“太不应该了”“该怎么办啊”这种质疑和逃避负面情绪的话，而是会明确几点：“我现在的状态是生气了”“到底是哪句话让我生气了”“我要向对方表达自己的情绪”。

情绪被合理化后，我们就能如实地向对方来表达，也让对方能真实感知我们的情绪，一起面对冲突本身。

2. 在情绪结束之后及时“回顾”。

如果在沟通冲突之中，我们处理情绪的方面表现不那么好，也不必过度介意。

我们可以在情绪整个过程结束后，自己梳理沟通中情绪发生、发展直至结束的全部过程。了解情绪是怎么来的，又是怎么走的。这个回顾方式是让自己跳出当时当境，更客观冷静地看待这一切。

如果我们的沟通已经结束，但是情绪的影响迟迟没有消散，自己无法完成回顾这个步骤，也可以请亲近的朋友帮助自己来完成，在别人的指导下了解自己的问题到底出在哪儿。

忍住攻击的冲动，发自内心地改变对话

有些冲突无法避免，如同牛奶被打翻在地没办法收回一样。我们没必要为了已经打翻的牛奶生气或悲伤，沟通也一样，冲突发生后，我们虽无法改变既定事实，但却能调整自身的情绪状态。

一些人在面对冲突和争执时，内心会不由自主地产生攻击对方的冲动，不仅如此，还会体现在语言和行动上，这种情绪风暴非常可怕，会把沟通带到不可控的区域里。但是聪明的沟通者，不会释放出自己想要攻击的冲动，更不会让情绪泛滥成灾。

一次，影视演员黄渤参加了一档电视访谈节目，主持人向黄渤问道：“现在觉得自己特别火了吧？”

一般人遇到这种有点不好回答的访谈问题，可能会生气，认为对方在故意刁难，但是黄渤当时表现得很机智，也很冷静。他回答说：“那肯定是火，你想想我都能坐在这儿和您聊天了。”

发自内心的很简单的一句话，将本来有可能尴尬的局面打破，让访谈瞬间变得精彩起来。

交谈数语后，主持人又将一个问题抛给黄渤：“你今天怎么没穿裙子？”

黄渤回答说：“我怕今天我穿了，和你撞衫。”

黄渤的幽默风趣让现场观众发出连连笑声，他没有放任自己发火，而是主动化解，从而让这次访谈成为经典。

如果换成其他受访者，可能这场访谈就翻车了。但是黄渤面对刁钻的问题时，能成功地控制好自己的情绪，迅速思考，以巧妙回答成功救场。我们也许尚且做不到像黄渤那样完美处理，但是也要从现在开始学习控制好情绪，尽量让自己无懈可击。

1. 面对责难时，先不要急着反驳。

清醒的头脑在责难面前格外重要。在我们忍不住想去攻击对方的时候，先深吸一口气，尽量让情绪稍稍平复，不要急着去说话和辩解，冷静观察对方后，再决定该如何说。

数秒是一个不错的方法。情绪的峰值一般比较短暂，如果我们能在冲动产生的那一刻马上倒数 10 个数，一般数到第五个数的时候，我们的情绪已经开始从峰值下降，数到 10 的时候，负面情绪应大大减退，我们又找回了失去的冷静。

2. 不要为他人的错误埋单。

当别人语言有失，行为欠妥时，我们需要及时警觉，错误的那一方是对方，而不是我们，我们不需要为他人的错误埋单。这么想之后，我们也就不会为这些错误产生任何心理上的不满和坏情绪。我们应该学会做到像一个局外人看待发生的一切。比如，有人在你面前推卸责任时，我们应该想到做出这个丢脸行为的人是对方，该羞愧和难受的人也应该是对方，即使对方暂时不能反省，也不应该由自己替代他难受和反省。

3. 了解对方的真实目的。

有些人说一些让人难堪、卑劣的话，可能只是为了用这种方式来尽可能地激怒我们，如果我们真的发了脾气，让自己出丑，就是中了别人的圈套。我们一定要了解对方说这些话的真实目的，别被表面的语言激惹失了方寸。

例如，一些人在劝酒时，如果你说自己平时不怎么喝酒，他可能就会用各种方法刺激你，比如说你装清高，说你妻管严等，这些语句背后的目的都是让你端起那杯酒，但是如果你能清醒地认识到他的目的，就不再怕他的各种语言刺激了。

在困境中保持好奇心，发现冲突中的“可能性”

冲突调节和公共对话的专家达纳·卡斯帕森在自己的著作《解决冲突的关键技巧》中写道“在困境中保持好奇心”。

的确如此，在面对冲突时，我们应该像达纳博士那样积极发掘冲突中有益的一面，而不是全方位地否定冲突。其实，在冲突中有各种各样的可能性，顺畅的沟通可能只有一条标准的路，但是包含冲突的沟通，却是在两个人的摸索尝试下有可能走上第二条路、第三条路。这个过程有一点像沟通的双方在共同探险，两个人在岔路口，一个决定向东走，一个决定向西走，他们如果跳出争执，去共同发掘可能性，那么他们也许会一起修建一条崭新的路。冲突看似是碰撞，有的时候却能碰撞出精彩的火花。

强子和大壮都爱好音乐，一次喝酒聊天，两个人想一起组建一支乐队，完成儿时的梦想，于是他们找来了另外两个小伙伴一起做乐队。几个人志趣相投，乐队搞得有声有色，强子还自己创作歌曲，被一家音乐公司看中了想买版权。

一次演出结束，强子对大壮说：“最近那个买我作品版权的公司告诉我，近期国内多家公司联合要办个选秀节目，他们到现场看过咱们的演出，认为咱们的水平不错，可以给咱们一个初赛的名额，你感兴趣不？”

“我记得咱们组建乐队的时候不是说过吗，我们不去参加这些比赛，尤其是选秀。”

“当初是当初，现在咱们乐队搞得这么好，不能只在咱们的这个圈子里活动，还应该让更多的人认识咱们，喜欢咱们。”

“我搞乐队从来不是为了追求名和利，这么多年你应该也是了解我的，我只想做点自己喜欢的事，跟铁哥们一起，现在我都实现了，非常满足了。其他的我根本不想。”

“你也不能光为自己着想啊，你也想想喜欢我们乐队的人，难道不希望我们能更有名气吗？”

两个人陷入了僵局，其他伙伴赶忙好言安慰。

强子看着眼神无比坚定的大壮，突然对自己刚才的话感到后悔和抱歉：“大壮，真是对不起，我觉得你没错，你是一个纯粹的人，愿意过纯粹的生活，我也没有错，我想让乐队一路高歌。你看咱们还有别的可能吗，不参加选秀，也别只满足于现在。”

大壮听到强子这么说，情绪也平复了下来，大壮说：“你说得没错，争辩下去没意义，不如想想有没有其他出路。”

于是在几次商议下，强子和大壮共同决定暂时不参加选秀，但是可以接一些商演，帮助乐队维持下去，等攒够资金，乐队再租下一个小舞台专门演出，实现乐队发展的第一个小目标。

找到冲突下隐藏的新转机、新出路，强子和大壮继续志同道合、全心全意地发展乐队。如果没有冲突，他们可能还会在各自观点的阵地里顽强防守，但是当两个人观点激烈碰撞，他们也在搜寻身边新的机遇。

因此，不要放弃在冲突中找寻各种可能性，要让自己变成一个乐于挑战、不惧挑战的人。

面对冲突时，我们需要以问题的方式来进行思考及分析。例如，我们可以用下面的问句问问自己：

1. 为什么他会这么说，是有什么没说出口的想法吗？

2. 如果不改变想法，还能继续谈下去吗？

3. 如果两种计划都放弃，其他的计划可行吗？

4. 我如果这么说，对方会给什么反馈？

多用问句的形式来进行冲突后的思想重建，有利于我们深入挖掘。当我们秉持一种好奇心处理冲突时，对方也可能会受到我们的感染，放弃自己的固执，和我们一起主动探索，一起实现。

主动示弱，学会在不争执的前提下提出议题

聪明的沟通者面对分歧时一般是怎么做的呢？如果细心观察，他们有的时候会选择掩藏锋芒，主动示弱，在对方放松警惕后，再循序渐进地提出议题。

如同田忌赛马的道理，先选择劣等马出战的田忌，只是暂时失去先机，却在后边的局势中逆风翻盘，成功击败对手。策略的正确与否，决定了我们沟通的走向。

华姐带着晓佳去拜访客户严经理，但是似乎没那么顺利。

“严经理，我们这次为您公司量身定制的广告风格是走奇幻路线，让看到平面广告的人感受到强烈的视觉冲击力，体验会很不一样。”

“你说的这种广告风格，我们的产品从来没用过，效果能好吗？”

“这一点您放心，我们公司曾经有过成功的案例，可以为您展示。”

“据我所知，最近A公司出了一版平面广告，很成功，你应该了解吧。”

“了解，确实很成功。”

“我也跟你们这样的广告公司打了很多年的交道了，不能算顶级专家，评点下广告也没问题了。”

“是的，从和您的几次交流中，我已经发现了，您在专业方面上的能力我们都有目共睹。”

“你说得不错，这一点我还是比较自信的，我认为A公司那个风格的广告，你们公司也可以学习，应该也能取得不错的效果。”

“对，您启发了我们不少的思路。这样，我们做两版广告，也就是这两种风格的，也请您多给意见，帮我们看看哪一款好。”

辞别严经理后，晓佳非常不解地对华姐说：“您是广告学的研究生，而且在业界里您也是数一数二的，不论专业还是经验，您都比严经理强，为什么还要在她面前那么谦虚呢，如果您亮出您的专业的话，她也要听您的意见的。”

华姐笑了笑说：“你还不懂，不是你强就要表现出来的。”

主动示弱是一种沟通上的智慧思维，华姐非常明白这其中的道理。主动示弱不是放低自尊，而是用迂回的方式达成自己的目的。

下面三种常用的示弱方式，我们可以拿来借鉴。

1. 向对方请教。

很多人都“好为人师”，如果我们能以请教的方式向对方提问，让他感觉自己被需要、被信任、被尊敬，这样他在心理上会得到极大的满足，更加愿意近距离交流，将自己全部真实的感受与我们分享。

2. 谈劣势弱点。

主动示弱还有一个常用策略是，暂时回避自己的强势，转而谈自己的弱势，这是让别人看到我们暴露弱点的坦诚，让对方感知真实而全面的我们，进一步信任我们。

我们会发现，一个有优点的人，大家可能会敬而远之，不敢与之深入交流，但是当我们发现他也有普通人的缺点时，顿时觉得他非常亲近，仿佛人与人之间的距离也拉近了。

3. 硬话软说。

还有一种重要的示弱方式便是硬话软说。这是一种从态度、语气和用词方面示弱的策略。强烈、激进的语句可能升级对方的情绪反应。可是当我们“硬话软说”时，对方的情绪反而会被缓和。

区分对方的需求、利益和行动计划

在沟通中，每个人都是心怀需求去表达的，由需求还会衍生出与之息息相关的利益。在这些需求和利益的基础上，我们会去衡量和决策相应的行动计划。

有时候，需求和利益不一定会直白地被表现在沟通中，反而行动计划我们是一定会讲给对方听的。当两个人的行动计划产生冲突后，持续僵持不下，行动计划已经到了不可调和的地步，沟通也显得无法继续进行。但是如果我们进一步考察对方的需求和利益，或许会发现新的转机，并不是没有继续沟通的可能。

我们不能将行动计划与背后真实的需求和利益相混淆。

马上 6 点了，小李高兴地收拾物品准备下班，晚上他要和女友去约会。可

就在这个时候，经理走到小李的桌子前，对他说："我建议你今天加班将工作完成，这件事不能拖到明天，明天就要审核了。"

小李满脸不高兴："必须今天加班吗？我今天有很重要的事情！"

"让你加班是为了不耽误进程，这是为你好，你懂不懂！"

小李心里嘀咕道：把加班说得那么冠冕堂皇！

小李被叫到经理办公室。

经理指着桌上的一打文件说道："从今天起，与客户接洽的事情由你来完成，我专心来做新产品推广。"

小李马上反驳道："经理，我手里的任务刚刚有点眉目，不如还是让我接着做。"

"还是不了，你就来接洽客户。"

听到这些，小李又是满肚子怨气。

在上面两个案例中，小李直接接收到的信息其实都是经理的行动计划，他没有对经理的真实意图进行深入探索，所以沟通陷入了僵局，小李作为下属不得不带着负面情绪妥协。小李可以试着将经理表面的行动计划与真实需求利益分开。

行动计划一："建议你今天加班将工作完成，这件事不能拖到明天，明天要提交审核了。"

真实需求与利益："明天是截止日期，不能影响最终审核。"

行动计划二："从今天起，与客户接洽的事情由你来完成，我专心来做新产品推广。"

真实需求与利益："我的精力有限，无法兼顾客户接洽和产品推广，需要有个人来替我完成。"

在第一个案例中，经理的真实需求与利益是不能耽误工作进度，因此他选择的行动计划是让员工加班。在第二个案例中，经理的真实需求与利益是完成工作有压力和困难，因此他选择的行动计划是找个人来分担工作责任。

当我们的行动计划与对方有冲突时，我们应尽量停止在行动计划上进一步激化两个人的矛盾。比如，对方让你今天加班，你强硬地回绝不加班，这样一来，两种行动永远不可能统一。我们不如去探究经理背后的隐藏需求与利益，也就是怕耽误工作，这个时候我们围绕需求与利益展开讨论，就变得可行了。我们完全可以转变为另外一个行动计划，来支持和满足两个人的需求。

需求与利益也许只有一种，但是围绕它们而运行的计划可以有很多种。所以，不要将眼光固执地放在一种行动计划上，而是应该转变思路，从需求和利益的大方向考虑。

下面我们来学习如何区分对方的需求利益与行动计划。

1. 思考问题不要停留在信息表面。

当一个人表达："我认为自己还是回家乡找工作更好。"思维简单的人，可能会继续围绕回家乡展开讨论，很可能导致双方发生分歧。但是如果我们能再深入一点思考，就会在这件事上打一个问号，从而推断出他的真实需求和意图。

需求："我想要与家人在一起。"

利益："家人能给我支持与依靠。"

行动计划："我认为自己还是回家乡找工作更好。"

2. 直接询问。

如果实在难以理解和分析对方真实的想法，我们也可以直接去询问对方。

“你现在想回家工作，是觉得现在的工作不好吗？”

“你现在想回家工作，是家里已经有更好的选择了吗？”

“你现在想回家工作，是遇到什么挫折了吗？”

这种试探性的询问也许不能帮我们在第一时间确定对方的需求与利益，至少为我们排除了一个错误答案，让我们离对方的真实想法更近。

3. 保持真诚的态度。

询问的时候只要保持真诚的态度，不要过于生硬和强迫，那么我们就不必担心对方感到尴尬无法下台，一般对方是会对我们敞开心扉的。这些方法多尝试几次，我们就能养成自动区分的习惯，面对冲突也就不那么慌张和手足无措了。

增进感情，而非粗暴地运用权力

一些人在沟通出现问题时，习惯使用权力这张牌，其实有一张牌比权力更好用，效果也会更好，那就是感情牌。用权力解决问题可能节省时间，立竿见影。但是伴随这种权力的使用而来的，是对方的暂时屈服，只是一种权宜之策，而不是对方从内心真正认同和理解那个权力者。增进感情这个方式则截然不同，它是从关系的根本上创建一个牢固的纽带，这个纽带不会因为双方身份、地位的改变而改变。

尤其是在面对激烈对抗，处于一种近似“敌对”的关系时，权力的效用更低。因为对方选择与你正面冲突，已经不在乎你所拥有的权力这个属性了，那么在你强硬地发出命令，提出要求时，对方可能不会像平时那样听从于你，甚至会引起更激烈的反抗。

一家公司因为长期亏损，债务无法还清，被法院责令资产重组，公司的职工面临着失去工作的困境，很多人的工资还是家里的主要收入来源。职工们无法面对这个残酷的现实，于是组织起来向公司董事长进行抗议，现场十分混乱。

一位职工代表大声呵斥说：“你们这些无情的人！我为公司工作15年，到现在这个年纪，你们知道找工作有多难吗！这点补偿金够干什么！黑心的人！你们知道找到一份新工作有多难吗！”

其他职工也大声附和，向董事长表达愤怒。

董事长连连安慰，可是没有一个人听他讲。于是董事长找来一个扩音喇叭，大声说道：“刚才那位职工我认识，是咱们公司的元老级职工老李，去年奖励优秀员工时，我还给他颁过奖。你们每个人的名字我都能叫上来。老王家有个闺女明年该上初一了，小张今年刚结婚……”

董事长动情地继续说：“在我知道公司实在无法挽回时，我难过得几天都没有睡一个踏实觉，咱们公司创建有18年了。但是我知道，在场的人之中有很多人比我对公司的感情还深，你们把青春和热血都奉献给了公司！”

听到董事长这么说，人群逐渐安静下来，大家全神贯注地听他讲。

“我真的想过各种办法，想要挽救咱们的公司，我还找咱们的老员工商量过有没有对策保住公司。老邢，你知道吧，我上周刚问过你。但是现在真的是走投无路了。各位兄弟姐妹，在这里真的对不起大家了。各位都是看着公司一步步壮大，然后又不得已走向衰落。我知道你们每个人的难处，我一位兄弟的公司正在招员工，有暂时找不到工作的，我介绍过去，还有不愿意去的，我也可以用自己的人脉帮着找新工作。大家如果有任何生活上的困难，一定告诉我，我一定尽全力解决！”

现场有的人听到默默留了眼泪，刚才的职工代表老李说：“想不到，董事长能掏心窝子对我们说这些话，我老李真的感动了，如果你以后还开公司，记得告诉我一声，我还愿意回公司上班！”

董事长动情的讲述，平息了抗议职工的愤怒，这就是感情牌“转危为安”的实际作用。在现实沟通中，当权力和感情两种方式摆在我们面前时，请一定优先选择感情，因为沟通是为缔造长期的友好关系，而权力的滥用则是友好关系的终结。

在运用感情牌时，我们还要注意以下几点。

1. 真情实感。

有些人片面地认为，只要让对方看到我们的“感情”即可，不需要真的产生一种情感。这种想法大错特错，表演出来的感情一旦被识破，就是一种无法挽回的结局，“鳄鱼的眼泪”流再多，也掩盖不了它背后险恶的目的。

因此，我们是要运用感情牌，而不是利用感情牌。这种情感必须是我们本人真实拥有的，而不是迫于形势塑造的。

2. 可善用但不能滥用。

感情牌虽然有巨大的作用，但是也不能拿来滥用。有的朋友，一遇到冲突，就通过感情来打动对方，放弃了其他理性的认同，这种情感的绑架也非常可怕。例如，有的家长在孩子反对他们的时候，就习惯说自己很可怜，最亲近的孩子都不听话了。这种情感绑架让人感到窒息，不仅不能博得同情，还会带来反感。

宽容现象：“没有输家”的冲突解决方法

我们在工作中面临着各种竞争，有人甚至在沟通中也贯彻竞争的目标，必须要与对方争一个对错，要么让对方牺牲从而满足自己的需求，要么让对方放弃现有的观念彻底支持自己的想法。无论哪一种结果，其实最终获得的都不是一方的胜利，而是两方的失败。成功的沟通应该是一种双赢的局面。

一位哲学家曾经说过："如果你能够使别人乐意和你合作，不论做任何事情，你都可以无往不胜。"沟通中产生冲突其实并不可怕，危险的是我们用一种敌对的态度去面对冲突。

"这件事上，你的考虑是不是欠妥，这次杂志的封面照片本来邀请的是电影正在上映的女星A，你却邀请B，请问B最近有什么作品？"

"B最近的确没什么作品，但是B有话题度！我们需要的是话题度，不是活跃度。"

"你的想法真是太狭隘了，我跟你打赌，用A肯定比用B的销量好！"

"我也敢跟你打赌！"

"但是，我们现在必须选择一个人上封面，A还是B。我认为还是用A，我已经在跟她的经纪人沟通档期了。"

"在我这儿也没的选择，我不能放弃自己的坚持。"

"行，但是我现在用第一执行的身份命令你，必须选A。"

"可以，这次听你的，但是你记住，你是用权力达成目的的，不是靠实力！"

很容易看出，这是一次很不愉快的沟通，火药味十足。两个人各持己见，谁也不肯让一步，表现上看，第一个人利用权力加成，达成了自己的目的。但其实这种结果是双输的局面，第一个人作为表面的赢家，却输了一个优秀的合作伙伴。

沟通中，一些人经常被短视的好处蒙蔽，从而失去长远的利益。我们应该寻求一种新的冲突解决办法，那就是创造一个宽容的沟通环境，放弃你赢我输，你输我赢的狭隘思想，找到最终实现双赢的可能。

如果想实现双赢，应该培养以下几种优秀的思维。

1. 从“你和我”转变成“我们”。

沟通时如果对立，很可能一直是在用“你和我”的角度去区分两个人，自觉自主地将对方放在自己以外的对立面上。这时需要转换一下思维，学习从“我们”的角度去思考问题。例如，需要由下面这句话：

“你是怎么想的？我又是怎么想的？”

转换为这句话：

“我们该如何思考？”

思维角度转变后，两个人更容易成功跨越冲突，实现一致。

2. 寻求共同目标。

目标分离也是冲突中常见的一个现象，两个人带着互相背离的目标，自然容易越谈越远，越谈越崩，目标的不一致让双方始终不能“握手”达成相同论断。

我们可以跳出各自的目标圈子，为双方创建一个共同目标，然后在这个共同目标的范畴下进行讨论。

3. 新建第三个方案。

像上文故事中一样，两个固执的人一个要选择女星A，另一个要选择女星B，两个人都不妥协。但是真的没有第三个选项了吗？其实不然，还有女星C、女星D、女星E……这两个人完全可以放弃自己的方案，去建立一个崭新的方案，这个新方案同时符合两个人的要求。

4. 创立一个共同标准。

如果为沟通创建一个客观标准，这个标准又能让双方都信服，那么沟通中的冲突就比较容易解决了。只要研究问题是否已经偏离了标准，就很容易化解冲突。

信念固着：没有妥协，也就没有合作

信念固着，指的是如果一个人建立了某一个信念，就会为这个信念收集各种支持的论据，从而形成一个理论体系。这种固着后的信念很难被打破，别人提出的其他相反意见和证据会像回力标一样打过来又被打回去。

心理学家做过这样的实验：他们先找到一些人作为实验对象，向他们灌输一些错误观念，同时告诉他们这些错误观念的属性是对的，并且提供了一些证据来证明这些错误观念，然后再让这些人解释为什么这些观念是正确的。

完成前一个过程后，心理学家"无情"地告诉大家，刚才那些观念其实是错误的，然后将正确的答案告诉他们，然而只有25%的人转变了之前的想法，接受了新观念。还有75%的人在事实面前，依然固执地认为当时的观念就是对的。

这种信念固着的现象不难理解，人对自己的思想和行为都有一种保护机制，会进行各种合理化。例如，一个偷东西的人，在解释自己的偷窃行为时，会向别人说是因为自己一时鬼迷心窍，或是家里穷得揭不开锅盖，有着不得已的苦衷。他正是在为自己的行为进行理由方面的合理化解释。

在沟通中存在信念固着的人，也会坚持自己的观点，哪怕是错误的观点，不容许他人有一点反驳。而且别人越反驳，他越会找更多可能站不住脚的证据来支持自己的错误观点。

信念固着现象不只在固执性格的人身上常见，一些平时看起来性格温和的人也容易在沟通中存在信念固着的现象。

一位公司的后辈谈到现在年轻人的消费习惯时，说："现在的年轻人崇尚高消费，但这同时也极大地推动了市场的发展。我们可以看到，年轻人这个群体的市场非常可观，我们应该着眼于这点来开发产品，占领市场。"

这时候，一位前辈忍不住发言："刚说到年轻人的高消费现象，我真是看不惯他们花钱大手大脚的样子。像我们以前一双鞋能穿三年，现在的孩子恨不得一个月换一双鞋，太能浪费了。现在我们居然还要研发快消产品鼓励他们这种浪费行为。"

"您说得对，的确现在年轻人花钱的频率要远高于父母那一辈，但是时代更迭了，我们不能用过去的眼光来审视现在。如果年轻人能够负担自己的花销，那我认为平时买一些自己喜欢的东西未尝不可。"

"你这就是在为浪费找借口！像我们那个时候各种省着用，难道就是为了你们现在浪费用的！别跟我提什么消费观，消费观就应该是勤俭节约，就这一条准则！"

"在这里，我先不反驳您的观点，我们先谈别的。"

"这种会我实在听不下去了，我先去个卫生间。"

前辈生气地离开座位。

在这位前辈看来，高消费就等于浪费，带着这种固着的观念接收他人信息，不仅不能被说服，还会转而攻击别人。从这则故事中可以看到，这种攻击苍白无力，在后辈面前，前辈只能用经验说来支持自己，拿不出其他证据，进而他感到恼羞成怒，愤然离开。

莎士比亚在《特洛埃围城记》一书中讲道：我们眼里的错误引导着我们的心

灵，错误导致的必定是错误。信念固着是阻碍我们接受新观念，改变旧观念的拦路虎。如果我们想走出那个偏执无意义的自我，必须在合适的时机有所妥协，首先让自己的态度软下来，才能试着去理解对方。

那么，如何打破信念固着这道墙呢？

有些人将自己的信念与本人联系过于紧密，这很容易产生信念固着现象，这样一来，别人在质疑和反对某一种观念时，我们就会联想成对方是对我们自己的质疑和反对，从而产生一种自尊被伤害的情感。

我们必须将个人与观念适度分离，明白观念虽然产生于我们，但并不代表我们本人，如此一来，我们在听到他人不同意见时，就不会感到被冒犯和被伤害。

我们还需要在平时多培养自己从正反两个角度看待同一件事的能力，这样做的目的是在沟通中，面对不一样的看法时，也能做到泰然自若，因为别人不过是我们思考的另一个层面，代替我们说出另外一种可能。

达成共识，为沟通制造完美的结局

我们看到很多真实的案例，经过双方的不断努力，沟通裂痕被修复，最后迎来较为和谐的结局，但是沟通的双方在内心深处依然感觉分歧严重，以至于影响到后面的关系和接下来的其他沟通。这种分歧感来自哪里，一个重要原因就是双方没有在沟通即将结束时进行心理建设——建立并达成共识。真正的沟通高手是非常重视“达成共识”这一项功课的，并且会不断刻苦精进。

经过不懈的努力，蒋琳琳又拿下一个客户。当公司的同事们要为她庆祝的时候，她摆摆手说还差一步才算成功，大家都很不理解，因为客户已经在这份合作意向上签了字。

蒋琳琳再次来到客户的公司进行拜访，客户看到她的出现也很意外。

“李总，非常感谢您信任我们公司，信任我！”

“没什么，也是看到了贵公司的实力，还有你的努力，这次合作只是一个开端，以后还要彼此扶携。”

“嗯，前几次的沟通虽然有点小波折，但是所幸我们都是奔着一个共同的目标在努力，您说是不是？”

“你说得很对，想不到你这个小姑娘，还有这样的格局！”

“我希望以后和您的合作也是透明坦诚的，如果您对这中间有什么不满意的地方，您可以尽管和我提出来。作为后辈，还希望以后能有机会向您多学习，请您不吝赐教！”

蒋琳琳就是我们羡慕的那一类沟通高手，她为沟通所做出的努力，不只是在过程中弥合与客户的分歧，让客户继续谈下去，让公司和客户友好合作。她还在最后花一些时间去拜访客户，让客户提升了对这次沟通的认知，也让客户感受到自己及公司对他的重视，第二次合作甚至第三次合作都变得可以期待。

我们需要像蒋琳琳这样，为已经95分的沟通加上最后那5分，下面为大家推荐三种升华方法。

1. 过程升华。

我们可以通过回顾和总结刚刚的沟通过程，来进行升华式的结尾，如下面的例子。

“这一次我们讨论这个策划案花费了五天的时间，虽然不是我们经手的策划案中用时最长的一个，却是历经波折最多的一个。非常感谢小李、小王提出宝贵的意见，还有小孔，带着大家梳理每一个环节，你们都是最棒的！有了这一次的经验，相信以后无论遇到多么有挑战性的策划案，我们都能游刃有余地应付！”

这种升华让对方能够重新从整体的角度去理解这次沟通，跳出个人的狭隘角度，不再着眼于个人得失，从更加宏观和全面的角度看待沟通，透彻了解沟通的意义。

2. 情感升华。

这种方法是从情感的角度，来进行升华，如下面的例子。

“经过这一次的争吵，我发现我比以前更加了解你了，似乎从心里我们的关系更紧密了。我希望多了解你一些，我们不要害怕有分歧，只有正视这些，以后的路才更好走。真高兴我的身边有你陪伴！”

以情动人，是沟通中较常运用的策略，在沟通即将结束时，将这种情感继续升温，让对方将这次沟通不仅看成一次简单的对话，更是一次情感上的交流，关系也能随之加深。

3. 未来升华。

这是将现有的沟通与未来联系上，建立时间上的逻辑，是为了今后开展的其他沟通做基础，常常运用在系列沟通中，或长期关系的维护上。如下面的表达。

“以前我不知道该怎么处理和你之间的矛盾，不过经历了这一次之后，我发现，我们也可以不吵架就能平和地谈论这件事。等下次遇到同样问题的时候，我知道该怎么说才能不伤害到你了，为咱们的10年友谊干杯！”

图书在版编目（CIP）数据

改变人生的 88 堂高效沟通课 / 韩佳媛著 . —北京：中国法制出版社，2021.4

ISBN 978-7-5216-1806-8

Ⅰ . ①改…　Ⅱ . ①韩…　Ⅲ . ①人际关系—通俗读物　Ⅳ . ① C912.11-49

中国版本图书馆 CIP 数据核字（2021）第 064704 号

策划编辑：陈晓冉（chenxiaoran 2003@126.com）
责任编辑：陈晓冉　　封面设计：李　宁

改变人生的 88 堂高效沟通课

GAIBIAN RENSHENG DE 88 TANG GAOXIAO GOUTONGKE

著者 / 韩佳媛

经销 / 新华书店

印刷 / 三河市国英印务有限公司

开本 / 710 毫米 ×1000 毫米　16 开　　印张 / 13.75　字数 / 188 千

版次 / 2021 年 4 月第 1 版　　2021 年 4 月第 1 次印刷

中国法制出版社出版

书号 ISBN 978-7-5216-1806-8　　定价：42.80 元

北京西单横二条 2 号　邮政编码 100031　　传真：010-66031119

网址：**http://www.zgfzs.com**　　**编辑部电话：010-66071900**

市场营销部电话：010-66033393　　**邮购部电话：010-66033288**

（如有印装质量问题，请与本社印务部联系调换。电话：010-66032926）